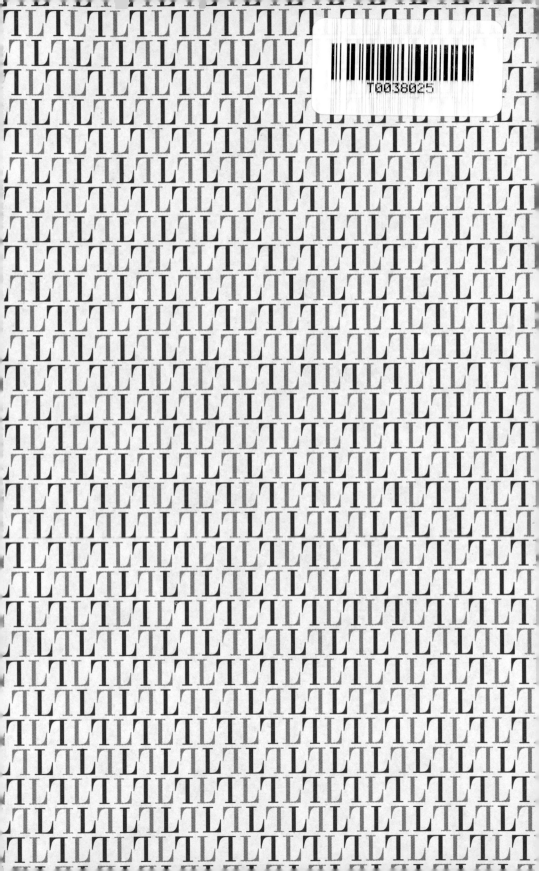

Crónica de un amor terrible

Crónica de un amor terrible

Nadia Celis

La historia secreta de la novia devuelta
en la «muerte anunciada» de García Márquez

Lumen

ensayo

Penguin
Random House
Grupo Editorial

Título original: *Crónica de un amor terrible*
Primera edición: marzo, 2023

© 2023, Nadia Celis Salgado
© 2023, de la presente edición en castellano para todo el mundo:
Penguin Random House Grupo Editorial, S. A. S.
Cra. 7 # 75-51, piso 7, Bogotá, Colombia
PBX: (57-601) 743 0700

Diseño de cubierta: Patricia Martínez Linares
Vector original usado para el bordado de las flores: © Freepik.com

Impreso en Colombia-*Printed in Colombia*

ISBN: 978-958-5404-88-5

Compuesto en Adobe Garamond

Impreso por Editorial Nomos, S.A.

Para mis grandes amores

Una postura antagónica obliga a la persona a un duelo entre opresor y oprimido; atrapada en un combate mortal, como el policía y el delincuente, ambos reducidos a un denominador común de violencia. La postura antagónica refuta las opiniones y creencias de la cultura dominante y, por eso, mantiene una actitud de orgulloso desafío. Pero toda reacción es limitada por aquello contra lo que reacciona, y depende de ello. Como la postura antagónica surge de un problema con la autoridad —externa al igual que interna—, supone un paso hacia la liberación de la dominación cultural. Pero no es una forma de vida. En algún momento, en nuestro camino hacia una nueva conciencia, tendremos que abandonar la orilla opuesta. La separación entre los dos combatientes a muerte debe sanar de algún modo, de forma que estemos en ambas orillas a un tiempo y veamos, a la vez, con ojos de águila y de serpiente. O tal vez decidamos desentendernos de la cultura dominante, desecharla por completo como una causa perdida y cruzar la frontera hacia un territorio totalmente inédito y separado. O podríamos seguir otro itinerario. Las posibilidades son numerosas una vez que hayamos decidido actuar y no reaccionar contra algo.

GLORIA ANZALDÚA,
Borderlands / La Frontera

Contenido

1. Crónica de una historia inconclusa

La «historia secreta» de los amores «terribles» de la novia devuelta en *Crónica de una muerte anunciada* se cruzó en mi camino por primera vez en el 2016, cuando me encontré con un borrador inédito de la novela de Gabriel García Márquez. Ocurrió durante la primera de dos estancias que pasé en Austin, sumergida en los archivos personales del escritor, que residen desde el 2015 en el Harry Ransom Center.

Recuerdo haber pasado ese mes aterida de frío. Advertida del calor desértico de Texas, y aún cargando las maletas con las que había pasado un semestre en Cartagena de Indias, no me había preparado para el imperio de aire acondicionado que preserva los documentos resguardados en ese recinto de la Universidad de Texas. Supongo que sufrí aún más el frío porque pasaba la hora del almuerzo recluida extrayéndome leche con la bombeadora, en una oficina vacía cuya llave compartía con otra madre lactante. Mi primer hijo, Sebastián, tenía nueve meses y se quedaba con su padre en la casa que alquilamos por los veranos de 2016 y 2017 para que yo pudiera dedicarme a la investigación en el archivo. Había llegado allí en busca del amor, o al menos eso le había dicho al jurado de la beca que cubría mi estadía, pues era alrededor del amor y su relación con el poder sobre lo que giraba, y aún gira, mi estudio de la obra de Gabriel García Márquez.

El legajo de materiales que documenta el ascenso al estrellato sin precedentes del más poderoso de los escritores latinoamericanos descansa en una torre de concreto de siete pisos. El edificio es notable por el contraste entre la transparencia de las tres primeras plantas y la ausencia de ventanas en las cuatro superiores, a tono con la ambigüedad de la misión que acoge: preservar sus joyas y a la vez hacerlas asequibles a investigadores y curiosos. Entre sus prendas más antiguas reposan una primera edición de la *Divina comedia*, folios de la obra de Shakespeare y una Biblia de Gutenberg. Entre las huellas dejadas por los ídolos del escritor colombiano, sobresalen manuscritos de Joseph Conrad, las galeras del *Ulises* obsesivamente corregidas a mano por James Joyce, más de quinientas cartas de Virginia Woolf, los originales de los reportajes de Hemingway durante la guerra civil española, y curiosidades como las seis docenas y media de notas escritas por Marcel Proust a su ama de llaves. Entre los archivos de sus contemporáneos, también laureados, se destacan los de J. M. Coetzee y Doris Lessing. Entre los pocos latinoamericanos que lo acompañan están nada menos que Octavio Paz y Jorge Luis Borges. No es casual la elección de este centro para preservar el legado del autor de Aracataca.

El primer piso de la torre alberga exhibiciones temporales para locales y visitantes. En el segundo, la sala de consulta es custodiada por bibliotecarios encantadores y rigurosos que conducen a sus usuarios por cada paso del protocolo requerido para apreciar sus tesoros. A la salida del ascensor del tercer piso, restringido a empleados e investigadores residentes, vigila imperiosa una fotografía enorme en blanco y negro de Gabo en el jardín de su casa de México, calculo ya en sus sesentas, de pie, de frente y con expresión desafiante. Un lujoso reloj se asoma en su muñeca desmintiendo la sobriedad de su poncho. Los pisos restantes son de uso exclusivo de los artífices de la ilusión de eternidad que los materiales del centro promueven. En mi única visita a esa zona, una mujer joven me muestra el sistema de hilvanado que, tras un año de experimentación, le permitió hacer hojeables las páginas de un manuscrito medieval de unos siete por diez centímetros con minúsculos dibujos en oro. Puedo ver también a otra artista de la restauración reintegrar primorosamente el registro ilustrado de las aventuras de un viajero del siglo XVIII. El legado del maestro, concluyo, reposa entre amorosas manos. No hay duda de que este es el lugar ideal para desafiar la peste del olvido.

Una vez en la sala de consulta, un número reducido y oscilante de investigadores se acopia ante las mesas pobladas de papeles ancestrales. De vez en cuando, una exclamación o una risita sosegada delatan los momentos cumbre del baile íntimo que cada cual ejecuta a solas con su fantasma. Las nuestras son relaciones intensas en citas de ocho horas diarias. Me toma varias de esas citas releer las memorias del escritor, ampliadas por el ejercicio en reverso de comparar sus nueve versiones, con sus correcciones, supresiones y adiciones en la caligrafía de un Gabo septuagenario.

Mi obsesión más constante durante aquel romance de archivo fue la reconstrucción de la artesanía de sus novelas —releerlas, borrador tras borrador, atesorando el rastro del creador y sus manos—. Así pude atestiguar retroactivamente la conversión de «un desgaste irreparable» en una «erosión insaciable» o de una «reflexión abismal» en una «meditación crepuscular». A ratos celebré el impulso que hizo que un aroma alguna vez «enternecedor» se convirtiera en un «perfume envilecido». En ocasiones lamenté también la muerte en el camino de visiones tan singulares como «el mundo entero visto a través de un estanque de gelatina hirviendo».

El archivo mismo es la novela apenas esbozada del escritor en su laberinto. No obstante, en contraste con su persona pública, el «Gabo» escritor fue tímido en la revelación de su proceso creativo. Las huellas rastreables entre sus manuscritos hablan más sobre el perfeccionismo de un orfebre de la palabra que sobre el plan arquitectónico de sus obras. De allí mi sorpresa al encontrarme con el borrador titulado «Crónica de una muerte anunciada, original corregido por Gabo», al parecer la penúltima versión de aquella novela. A esas alturas del partido, el escritor optó por cambios fundamentales que afectaron de manera drástica el sentido de la obra, y que desencadenarían mi propia crónica.

Los lectores de *Crónica de una muerte anunciada* recordarán que la novela cuenta, en breve, los antecedentes y efectos del asesinato de un hombre, en apariencia inocente, acusado de haber deshonrado a una mujer devuelta en su noche de bodas. El crimen es ejecutado por los hermanos de la mujer que lo acusa, ante la parálisis de los testigos que, pese a la inminencia del suceso, no se deciden a evitarlo. La historia, reconstruida un cuarto de siglo después por un periodista local que retorna a su pueblo, concluye además con la reconciliación de esa mujer con el esposo que la había regresado.

El más notorio de los cambios de último minuto revelados por el manuscrito inédito de *Crónica* fue la supresión de un intrigante epílogo donde se acentuaba la identificación del periodista y narrador de la novela con el propio García Márquez, y en el que se contaba una versión inaudita de su desenlace. Decía el cronista que por veintisiete años recogió testimonios y contó los hechos en que se basa *Crónica* a amigos y editores, sin poder escribirlos porque el relato seguía, de un modo inexplicable, incompleto. El final que faltaba llegaría por un rumor acreditado a su eterno cómplice, el también escritor Álvaro Cepeda Samudio, según el cual los esposos de la historia original habían vuelto a juntarse y vivían en otro pueblo del Caribe colombiano, «viejos y jodidos, pero felices». El narrador reflexionaba sobre el rumor en estos términos:

> Lo que esas dos frases querían decir era que un hombre que había repudiado a su esposa la noche misma de la boda había vuelto a vivir con ella al cabo de veintitrés años. Como consecuencia del repudio, un grande y muy querido amigo de mi juventud, señalado como autor de un agravio que nunca se probó, había sido muerto a cuchilladas en presencia de todo el pueblo por los hermanos de la joven repudiada.

La deuda de *Crónica de una muerte anunciada* con la vida real es conocida desde el día siguiente del lanzamiento de la novela en abril de 1981, cuando un reportaje periodístico hizo públicos los detalles del crimen ocurrido treinta años antes en una población remota del Caribe colombiano. En cambio, la idea de que la continuación de la historia paralela de la novela, la de los esposos y su final feliz, tuviera una base real, era una posibilidad inexplorada.

Lo que el epílogo de García Márquez quería decir, para mí, era que una mujer que había sido humillada en público por el esposo con el cual, según el libro, se había casado sin amor —y que había tomado las riendas de su vida gracias a su oficio como modista— podía en la realidad haberse enamorado de repente de ese hombre. Según cuenta la novela, como consecuencia de ese amor tardío, la esposa devuelta le había escrito una carta semanal por diecisiete años hasta conseguir que regresara con ella, gordo, envejecido y sin haber abierto sus cartas. Si esto ya me parecía un desafío a lo verosímil en el contexto de la ficción, me resultaba aún más difícil imaginarlo como un episodio real. El epílogo suprimido sugería además que García Márquez conocía los detalles de ese giro drástico del drama original gracias a una entrevista con esa mujer. ¿Había ocurrido esa entrevista en realidad? ¿Vivían aún ella y su esposo? ¿Había sido yo demasiado ingenua al descartar ese final como inconcebible más allá de la imaginación del autor? ¿Habían sido sus otros críticos, y lectores, igualmente ingenuos?

El libro que tienen en sus manos es una genealogía de la historia contada por *Crónica* con énfasis en los eventos que inspiraron la historia de amor entre los esposos del relato. Es asimismo el recuento de los increíbles giros que la vida y la ficción le depararon a la novia devuelta en la realidad, Margarita Chica Salas, de cuyo rostro no he podido desprenderme desde que la vi en las páginas de un borroso recorte de la única entrevista que concedió tras la publicación de la novela de García Márquez.

El nacimiento y la infancia de esta historia pueden resumirse más o menos así: la mañana del 22 de enero de 1951, los habitantes de un pueblo llamado Sucre, y conocido como Sucre-Sucre por su ubicación en el departamento del mismo nombre, fueron sacudidos por el alboroto de un homicidio. El soltero más apetecido de la población, Cayetano Gentile, un joven nativo con ancestros italianos, fue acuchillado por los hermanos Víctor y Joaquín Chica Salas, por mancillar el honor de su hermana. Margarita Chica había sido devuelta por su esposo, Miguel Reyes Palencia, tras comprobar que no había llegado virgen al matrimonio. Bajo la presión de Miguel, la recién desposada había confirmado el rumor que circulaba desde que Cayetano y ella fueran novios años atrás: la pareja había tenido relaciones sexuales. Aún lloraba Margarita en la casa de sus padres cuando se enteró del suceso que cambiaría su vida. El desprecio colectivo se sumaría al rechazo de Miguel y al asesinato de Cayetano para expulsar a la novia devuelta de aquel pueblo, donde setenta años después todavía se recuerda el horrible acontecimiento. Gracias al extraordinario éxito mundial de la versión novelada de este triángulo trágico, la historia de Margarita, Cayetano y Miguel se convertiría además en un hito casi insoslayable en la formación literaria, y en la educación sentimental, de los lectores del mundo hispano.

El crimen fue considerado un asunto de honor por los habitantes de Sucre-Sucre, y por la ley, que acabaría declarando a los hermanos Chica inocentes por haber actuado «bajo ira e intenso dolor». La venganza a mano armada era además un hecho común en aquel medio siglo sangriento que aún carga con el infame título de la Violencia, con V mayúscula, para señalarlo como un pico sobresaliente en la prolongada historia de conflictos bélicos que sigue azotando a los colombianos. De modo que tanto la muerte de Cayetano Gentile como la desgracia de Margarita habrían pasado al olvido de no ser porque en ese pueblo vivía entonces la familia de Gabriel Eligio García y Luisa Santiaga Márquez Iguarán, quienes eran cercanos tanto al muerto como a los presuntos homicidas. Para Gabriel Eligio, el crimen fue el hervor de las tensiones cocinadas a fuego lento bajo el conflicto nacional bipartidista. La expresión singular de esas tensiones en Sucre-Sucre habían sido los ataques a la honra por medio de pasquines anónimos con revelaciones de su vida íntima que mantenían en vilo a la gente «de bien». Preocupado por la honra propia y por la de sus hijas, el padre de los García Márquez se apresuró a planear su salida hacia la ciudad de Cartagena de Indias, a donde se trasladarían semanas después con ayuda de su hijo mayor.

Gabo, como conocían sus amistades a Gabriel García Márquez, se abría campo como periodista en la otra gran urbe de la región caribe colombiana, Barranquilla. Desde allí recibió la noticia de la muerte de su amigo Cayetano. Aunque supo de inmediato que tenía que contar lo sucedido, el futuro Premio Nobel de Literatura tardó tres décadas en compilar las piezas que compondrían su sexta novela. La obra saldría por fin de su prolongada adolescencia en 1981, bajo el título de *Crónica de una muerte anunciada* y con un despliegue sin precedentes en la historia del mercado editorial hispanoamericano. Dieciocho meses después, su autor sería consagrado con el galardón de la academia sueca.

A más de cuatro décadas de su publicación, y siete de los hechos, la «muerte anunciada» se resiste a envejecer. Persiste en la imaginación de las millones de personas de habla hispana que continúan leyendo el libro en la escuela secundaria, y de muchas otras en el ámbito global iniciadas en la obra de García Márquez con la lectura en traducción de esta, la más legible de sus novelas. No obstante, la historia en cuestión continúa inconclusa, al igual que confusa, no solo para sus lectores sino para los testigos y otros afectados por su reconstrucción y publicación. Pues pese al notable talento del escritor para hacer indiscernibles los límites entre la realidad y la imaginación, ninguna de las novelas de García Márquez ha dado lugar a tan fascinante yuxtaposición entre hechos y ficción como la que desencadenó *Crónica de una muerte anunciada*.

El epílogo que reposa en Austin fue suprimido del manuscrito final de *Crónica* y publicado el mismo año como un artículo suelto, bajo el título de «El cuento del cuento», en los periódicos *El País* (España), *Le Monde* (Francia) y *El Espectador* (Colombia).

No obstante, incluso entre los pocos críticos de la novela que notaron la existencia de ese «cuento», la tendencia fue descartar el reencuentro de los esposos como una mera fabulación del autor. Muchos años después, en *Vivir para contarla* (2002), García Márquez atribuiría el retraso en la escritura de *Crónica* a una promesa que le hizo a su madre, con quien se comprometió a no publicar la historia mientras viviera la mamá de Cayetano. Enterraba así, aún más profundamente, no solo la anécdota de la reconciliación de los esposos reales, sino las implicaciones que el cronista había atribuido a ese desenlace, tanto en el epílogo como en «el cuento del cuento»:

> Aquella revelación me puso el mundo en orden. Todo estaba entonces muy claro: por mi afecto hacia la víctima, yo había pensado siempre que esta era la historia de un crimen atroz, cuando en realidad debía ser la historia secreta de un amor terrible.

Crónica de un amor terrible es el relato de mi propia aventura siguiendo los misterios que continúan sin resolverse, en la novela y en la vida, acerca de Margarita Chica y sus amores con Cayetano y Miguel. Clave en mi exploración de los horizontes abiertos por la revelación del epílogo fueron las conversaciones con miembros de la familia García Márquez, quienes guardan aún la memoria de los hechos y de lo que Gabito, como lo llaman sus hermanos, hizo de ellos. Para cuando me encontré con el manuscrito inédito de *Crónica de una muerte anunciada* había tenido un primer acercamiento a la familia con uno de los menores, Jaime, quien casualmente me había hablado de su participación en lo contado en ese libro. De modo que a Jaime recurrí, en primer lugar, para consultar las bases reales del rumor del archivo. Tenía entonces en el tintero un proyecto muy distinto sobre *Crónica,* donde planeaba probar más allá de la duda posible que el verdadero ladrón de la virginidad de Ángela Vicario, no era el narrador o la encarnación textual de García Márquez, como lo plantea la teoría más aceptada entre sus intérpretes, sino Poncio Vicario, el padre de Ángela. En un principio, también yo me incliné a creer que la anécdota del retorno de los esposos reales no podía ser otra cosa que una de esas cascaritas de banano con las que el escritor se divertía en hacer resbalar a sus críticos. Pero nada perdía con averiguar qué había detrás de ese otro secreto presuntamente anidado en la novela, mucho menos cuando me daba una excusa para regresar a mi mar Caribe y llevarle el nieto de visita a mi mamá. No imaginaba aún el impacto de esta historia sobre sus testigos y sobrevivientes, ni sobre sus lectores.

El eje de esta crónica son los encuentros sostenidos desde mi regreso en busca de Jaime, en una serie de viajes que hice de 2016 a 2022, entre los Estados Unidos —donde resido— y distintos puertos del Caribe colombiano —donde crecí—. De allí surgen los tres caminos entrecruzados en este libro: el de lo recordado, guiado por la evocación de los hechos originales por parte de quienes los vivieron más de cerca; el de lo novelado, centrado en el proceso de transformación de esos hechos por el escritor, y el de lo vivido, enfocado en las implicaciones reales del rosario de equívocos desatado tanto por la publicación de *Crónica* como por la cobertura periodística de esta. Al andarlos voy reconstruyendo, por un lado, el impacto de los acontecimientos en sus partícipes directos e indirectos y, por el otro, los efectos que tuvo la manera como García Márquez eligió contarlos, no solo sobre la memoria sino sobre la vida de quienes sobrevivieron al evento original. Las conversaciones relatadas constatan también la persistencia de esta historia en el tiempo, que mi crónica recorre en varias dimensiones: el momento de los hechos (1951) y sus antecedentes, el de la publicación de la novela (1981) y sus consecuencias inmediatas, el pasado reciente de mis indagaciones (2016 a 2022) en los segmentos rezagados de la historia original y de la que fue inmortalizada en la ficción, y el presente perenne de la obra literaria y sus reverberaciones. Durante este recorrido me propongo contestar, entre otras preguntas, ¿qué pasó con Margarita después de ser retornada por su esposo? ¿Qué fue del hombre que la devolvió? ¿Cómo empezó y en qué acabó en la realidad aquel triángulo sangriento? ¿Tuvo el final feliz de los esposos de la novela alguna base real o fue este un mero invento del escritor? De igual modo revalúo el misterio más popular entre los lectores de la novela: ¿quién o quiénes fueron culpables de la deshonra de Margarita Chica Salas?

A medida que voy descubriendo las nuevas piezas que complican el rompecabezas original, promuevo además un acercamiento contemporáneo al asunto central, según su autor, de este texto clásico: la responsabilidad colectiva. Más allá de las obsesiones de la mayoría de sus lectores y críticos —la muerte de Santiago Nasar, la complicidad del pueblo en la violencia de la que fue objeto y la identidad del «verdadero» culpable, el supuesto amante escondido de Ángela Vicario—, subyacen preguntas en torno a las otras formas de violencia que atrapan a los protagonistas de la obra. En particular: ¿por qué fue la novia devuelta catalogada como la «culpable» del crimen en cuestión, tanto en la realidad como en la novela?, ¿por qué sigue siendo ella la víctima menos obvia de la violencia encarnada en los hechos y su recreación en la ficción? y ¿qué puede decirnos la historia de la muerte de Cayetano y la condena de Margarita a los lectores del siglo XXI sobre nuestras maneras de entender a los hombres, las mujeres, la sexualidad, la violencia y el amor?

El relato personal me permite ahondar en ese último punto. *Crónica de un amor terrible* es también mi reflexión sobre lo que la historia de Margarita tiene que decir sobre la «condición femenina» en las más de siete décadas que han pasado desde el crimen en cuestión. Como en el relato de García Márquez, en el proceso de recoger la evidencia la investigadora se revela a sí misma: una mujer formada en la adaptación caribeña del patriarcado hispanoamericano, que vivió desde adentro las contradicciones que gobiernan los horizontes de hombres y mujeres en ese mundo inmortalizado por el escritor, y que las sigue desentrañando en su trayectoria académica y personal. En la «Crónica de una educación sentimental», mi propio epílogo, concluyo anclando en esa experiencia mi discusión sobre cómo las ideas y fuerzas tejidas en torno al sexo y al amor que marcaron la vida de Margarita persisten en las relaciones heterosexuales y los dilemas íntimos de las mujeres de mi generación.

Según sugiere el epílogo de García Márquez, lo terrible del inaudito amor entre los esposos que terminan juntos en la novela, es que se nutre de la muerte de un inocente y de la forma extrema de machismo que movió a sus ejecutores. Lo terrible de los sucesos que le costaron la vida a Cayetano y desviaron la de Margarita es, para mí, que fueron movidos por el detonante más ubicuo de la violencia sexista. Pues tanto el hombre que tomó su virginidad como el que devolvió a Margarita, tanto los hermanos que cobraron su deshonra como el autor que le atribuyó un amante secreto y le inventó un final feliz actuaron en nombre del amor, de esa terrible forma de amar que resulta de la obsesión por el control propia de la masculinidad tradicional. Viva y vigente en nuestros días, aunque ya no sea usual que cobre el honor de las hermanas, esa obsesión continúa instigando la muerte de miles de mujeres a manos de aquellos que las «aman».

Crónica de un amor terrible intenta iluminar los parámetros que rigen las relaciones íntimas no solo en el mundo ficticio de García Márquez sino, en últimas, en la cultura popular del Caribe, Latinoamérica y el mundo hispano. Mi invitación para quienes se embarquen conmigo en este recorrido es a cuestionar, a la luz de este pilar de nuestra educación literaria, nuestra educación sentimental. Llamo así a encarar una pregunta esencial para el público de hoy: ¿cómo resistir las formas de violencia ejercidas y toleradas en nombre del amor —tanto en la agenda política como en la personal— sin renunciar a amar? En otras palabras, ¿cómo emanciparnos del «amor terrible» sin dejar de amarnos?

2. Crónica de una memoria familiar: Jaime

La primera vez que hablé con Jaime García Márquez fue a finales de 2014 en una oficina prestada en un viejo caserón del Centro Histórico de Cartagena de Indias. Allí tiene sede la Fundación Nuevo Periodismo Iberoamericano que Gabo le heredó a esa ciudad, su hogar colombiano y el escenario de dos de sus novelas. Era mi tercer intento y mi última oportunidad de agarrarlo antes de terminar ese viaje a mi ciudad. Lo había esperado por treinta y tres minutos cuando apareció sin rastro de sudor en su guayabera de lino color zapote. Me saludó como si me conociera y me dirigió por una escalera de caracol hacia el tercer piso, donde le pidió a un joven periodista que nos dejara usar la oficina. Recuerdo su figura delineada a contraluz frente a una persiana cerrada, vencida por el mediodía del Caribe. Nos separaban dos escritorios curiosamente alineados uno contra el otro, y mi disimulada turbación ante ese acercamiento, promovido por mi mentor y amigo mutuo Ariel Castillo Mier. Empezaba a trabajar en un libro sobre género y poder en la obra de su hermano y era consciente del recelo que el tema produce entre sus congéneres. Temía además el influjo seductor que la historia personal de Gabo tiende a ejercer sobre sus críticos, así que había elegido hasta entonces huir de la red de anécdotas y relaciones que aún permite que su presencia sea ubicua en el Macondo colombiano de todos los días. Si algo de parricidio había en mi proyecto, lo último que necesitaba era enamorarme del «padre».

Jaime me desarmó en un instante al soltarse a llorar, con ternura sobrecogedora, a los hermanos que había despedido ese año. Gustavo había sido devorado por una demencia prematura y severa, y había muerto un mes antes que Gabito, en marzo de 2014, por complicaciones del mismo mal que se llevaría a Luis Enrique al año siguiente. Se trataba de una condición hereditaria que atacaba solo a los hombres, me dijo Jaime, quien parecía ya resignado a sufrirla más temprano que tarde. Su hermana Ligia, la historiadora de la familia, había muerto hacía poco de una septicemia sorpresiva causada por una obstrucción intestinal que coincidió con un cáncer de hígado.

Fue en esa ocasión cuando, al mencionarle que enseñaba *Crónica de una muerte anunciada* a mis estudiantes gringos, Jaime me habló casualmente de su participación en los hechos recreados por la novela, en la que aparece al lado de Luisa Santiaga, su madre, corriendo a encontrarse con el cuerpo de Cayetano. Recordaba de aquella escena la camisa blanca del difunto manchada de barro y sangre, y la angustia terrible de Julieta Chimento, la madre de Cayetano. Jaime hablaba también de su hermano, con el amor del niño que era en la época del crimen, cuando Gabito lo encaramaba en una mesa para abrazarlo cada vez que llegaba de vacaciones a Sucre-Sucre. Contaba que aquella muerte había sido tema ineludible en las reuniones de la familia por décadas. Como en un ritual postraumático, cada uno intentaba elucidar su papel en el horrible desenlace de aquel drama sin lograr ponerse de acuerdo sobre si había llovido aquel día. Fue así como el hermano escritor absorbió la historia, aunque no estaba con su familia cuando ocurrieron los hechos. Decía Jaime con orgullo que uno de los primeros lectores de la copia de *Crónica* que Gabo le envió fue uno de los empleados de su compañía de construcción, a quien aún imagino dentro de la cabina de una excavadora con la novela en las manos.

Cuando le dije que estudiaba la obra de su hermano desde el punto de vista de sus personajes femeninos, Jaime replicó, parafraseando a Gabo:

—Mis hermanos y yo somos todos feministas. Sabemos que siempre que tenemos una mujer fuerte al lado nos va mejor.

«Eso explica mucho», me dije a mí misma, mientras me preguntaba si también a Gabo se le habría escapado la paradoja de esa afirmación.

Jaime había dejado su carrera de ingeniero y se había unido a la Fundación de Nuevo Periodismo por insistencia de Gabito, quien intentaba salvaguardarlo de los peligros crecientes que el conflicto armado suponía para los empresarios en las zonas rurales de Colombia. El puesto había sido diseñado originalmente para Eligio, su hermano menor y otro de los escritores de la familia, devastado súbitamente doce años atrás por un tumor cerebral. Entre los libros que dejó Eligio está *La tercera muerte de Santiago Nasar*, crónica de la delirante aventura del director italiano Francisco Rosi al filmar la película de *Crónica de una muerte anunciada*, entre chalupas, mosquitos y caserones hirviendo en la antigua urbe colonial de Mompox, al otro extremo de la depresión geológica donde se encuentra Sucre-Sucre.

En su nuevo rol en la FNP, Jaime se había inventado «La ruta García Márquez», un paseo por el Centro Histórico de Cartagena que empezó haciendo para visitantes ilustres e investigadores que, como yo, se beneficiaron de la generosidad con la que regalaba las anécdotas detrás de los libros de su hermano y sobre sus vínculos con Cartagena. El recorrido, en su versión curada por la fundación, es hoy una de las atracciones turísticas de la ciudad.

Mi segundo encuentro con Jaime fue durante una de esas rutas, que guio en marzo de 2015 para los alumnos de la clase que enseño sobre *Cien años de soledad* en Bowdoin College, la universidad donde trabajo en los Estados Unidos. Su jovialidad de entonces contrastaba con el agotamiento de mis estudiantes, recién bajados del avión y aletargados por el sol inclemente de media tarde en el Caribe. Bastante les había advertido yo que el calor no era una de las hipérboles de García Márquez, pero hay cosas que no pueden aprenderse en cuero ajeno. Mientras ellos retomaban el aliento en la Plaza Fernández de Madrid, desde la cual, según nos acababa de contar Jaime, Florentino Ariza declara su amor a Fermina Daza en *El amor en los tiempos del cólera*, me acordé de preguntarle:

—Jaime, ¿tú dizque tienes una sobrina en Maine?

—Claro, la Cundi, la hija de Luis Enrique.

—¡No te lo puedo creer! —repliqué con auténtica sorpresa, lamentándome de la celeridad con la que había descartado, desde que me lo contaron, la mera posibilidad de que, en un remoto pueblo entre los glaciares de Maine, aún más remoto que el mío, pudiera vivir otra costeña, y mucho menos que fuera una sobrina de García Márquez. Para contextualizar mi sorpresa valga decir que Maine es el estado más al norte de la costa Este de los Estados Unidos y, contra la tendencia que hace de los latinos ya casi un cuarto de la población estadounidense, allí no llegamos al dos por ciento.

—Está casada con un tipazo de por allá. Richard Mockler —agregó Jaime, sacándome de mi estupor.

El día en que había de reunirme por tercera vez con Jaime, pasé media tarde con la boca abierta. Había viajado persiguiendo la pista del epílogo, pero urgida por un persistente dolor, tuve que resignarme al tortuoso proceso de vaciar y bloquear las raíces de una de mis muelas. Empezaba a dormírseme la encía derecha inferior cuando se me ocurrió preguntar cuánto duraría el efecto de la anestesia. No quería aparecer en mi cita con el hermano del premio nobel con la boca torcida, así que me excusé con el endodoncista para hacer una llamada urgente. Margarita Munive Roca, la esposa de Jaime, recibió feliz la oferta de posponer nuestra cita de media tarde para cenar juntos en la noche en el tradicional Donde Olano, restaurante favorito de los cartageneros de su generación. La espera era menos grata para mí, que no hallaba la hora de averiguar el chisme detrás de la historia que me había servido de excusa para regresar, con bebé a bordo, a Cartagena de Indias.

Al intentar volver a la silla de tortura, el dentista me detuvo para hacerme firmar una de esas sentencias de mutuo acuerdo en las que los pacientes entregamos el poder a los doctores para que hagan de nosotros su científica voluntad. Apenas si la escaneé, con el estoicismo que reservo para estas ocasiones, pero alcancé a notar el apellido del doctor, familiar aunque poco común por esos lares.

—Barcha —comenté—, ¿como la esposa de García Márquez?

—Mi tía —me contestó. Procedió entonces a sacar su teléfono para mostrarme emocionado las fotos que se había tomado el día en que Bill Clinton, quince años atrás, visitó Cartagena, y cuando él lo había conocido en la casa de su tío Gabo y su mujer, Mercedes Barcha.

—Doctor, ¿usted sabe a quién acabo de llamar? —le pregunté.

Sin esperar su respuesta, continué:

—A la esposa de Jaime.

—Ah, Margarita, claro. Me los saludas.

Así fue como aquella tarde de 2017 me recosté con alegre resignación y la boca expandida por un artefacto de metal a escuchar el extenso monólogo del doctor Barcha.

Para cuando cenamos esa noche, en el patio amplio de la casa del barrio Santo Domingo, donde se ubica Donde Olano, Jaime había encarnado la profecía anunciada en nuestra primera conversación. Con amorosa delicadeza, su esposa Margarita juntaba piezas por él o le recordaba que hacía unos minutos me había contado lo que ahora repetía. Mientras esperaba el arroz de mariscos que mi incomodidad bucal no me impediría disfrutar, le conté del asunto aquel de *Crónica,* lo del retorno de los esposos. Ya para entonces sabía que la anécdota del epílogo tenía al menos alguna base real. Jaime y su esposa tuvieron que cavar profundo en su memoria para encontrar ecos de un rumor según el cual el esposo agraviado, Miguel Reyes Palencia (Bayardo San Román en la novela), había buscado de nuevo a Margarita Chica Salas (Ángela Vicario), cuando ella se ganó una fracción de la lotería con la que compró su casa. La historia de la lotería era real, y real era también, con esa ironía que solo la vida sabe inventar, que la «novia devuelta» se ganaba la vida bordando trajes de bodas para las «señoritas de bien» de Sincelejo, ciudad donde vivió tranquila por casi treinta años; hasta el día de su segunda desgracia, la publicación de la novela de García Márquez.

Cuando le pregunté a Jaime si su hermano podría haber conocido el rumor de ese reencuentro antes de escribir la novela, no dudó en adjudicar su acierto al don de Gabo para la palabra profética. Me confirmó que, a diferencia de lo novelado, Gabo no se había vuelto a encontrar con Margarita. La fuente de las noticias sobre su vida, tras su exilio de Sucre-Sucre y la mudanza de la familia García Márquez poco después, habían sido sus hermanas Margot, Aída, Ligia y Rita, quienes eran amigas de Margarita y siguieron viéndose con ella hasta que la publicación de *Crónica* ensombreció la relación.

Mi desconcierto en ese tercer encuentro con Jaime vino de un dato que yo daba por sentado: la ficción de la «inocencia» atribuida a Cayetano Gentile, el Santiago Nasar de la novela, en cuanto a su papel como «autor» de la deshonra de la esposa devuelta. La defensa de Cayetano por parte de Jaime me resultó inaudita, en principio, otra expresión de cómo la novela se había tragado la realidad regurgitándola de manera tan convincente que hasta los testigos de los hechos habían acabado por citar los mitos fomentados por la ficción. De aquel mal alucinatorio habían empezado a sufrir implicados, testigos y lectores de la novela en Colombia desde el día siguiente de su lanzamiento, cuando un reportaje de prensa hizo públicos los hechos y personas reales tras la historia de la «muerte anunciada». Por acción y omisión, el dueto entre novela y reportaje vendría a sembrar en la imaginación de los lectores, y de los testigos, dos de las teorías que el cronista mismo reconocía no haber podido comprobar: la de la supuesta «inocencia» del muerto y la de la perfidia de la mujer que lo acusó.

Cuatro años después, en mi visita al departamento de Sucre, tendría que comprobar los efectos de la poderosa versión narrada por la novela, ya no sobre la familia García Márquez, sino sobre la población que atestiguó la tragedia.

Jaime fue el primero de los hermanos García Márquez que nacieron en Sucre-Sucre, el pueblo del Caribe colombiano eternizado por *Crónica de una muerte anunciada*. Hacía menos de un año que habían llegado a la región de La Mojana, y acababan de bautizar a Rita, la menor de las hermanas, cuando el parto de Jaime se adelantó.

—Esta es la primera casa habitada por los García Márquez a su llegada en 1939. Aquí nació Jaime, sietemesino, el 22 de mayo de 1940 —nos cuenta el profesor Isidro Álvarez Jaraba, en una de las primeras paradas del recorrido «histórico novelado» que guía para mi comitiva en Sucre-Sucre en octubre de 2021.

—Nadie creía que iba a sobrevivir. Pero Luisa Santiaga lo salvó con una de las incubadoras de esa época.

Tras una pausa, en la que se asegura de haber despertado nuestro interés, Isidro aclara sonriendo:

—Una ponchera con pedazos de tela y algodones. Durante sus primeros años la mamá vivía angustiada pensando en que se iba a morir. Vino a caminar y a hablar muy tarde.

—Cuesta imaginárselo con lo conversador que es.

Pasamos entonces a lamentar juntos el declive de la que fuera una memoria radiante.

Jaime fue el octavo de la nutrida prole de Gabriel Eligio y Luisa Santiaga, precedido por Gabriel, Luis Enrique, Margot, Aída, Ligia, Gustavo y Rita. Gabito había vivido su temprana infancia en la casa de los abuelos de Aracataca, con su hermana Margot. Luego, se había unido a sus hermanos en el rápido paso de la familia por Barranquilla. Fue allí donde conoció la pobreza del hogar de sus padres, de la que había sido preservado hasta entonces. Margot llegaría directamente a Sucre-Sucre, donde asumió de inmediato el rol de asistente de Luisa Santiaga en la crianza de los pequeños, y de los que faltaban por nacer, Hernando, Alfredo y Eligio. En aquel pueblo conocerían además a los hijos de su padre con otras mujeres, Abelardo y Carmen

Rosa, previos a su matrimonio, y Emy y Antonio, nacidos durante la residencia de la familia en la región.

Sucre-Sucre fue el escenario de las aventuras adolescentes de los mayores, con Luis Enrique a la cabeza, de los amores truncados de Margot y Aída, y de la muerte de Tranquilina Iguarán, la abuela materna que inspiró a la legendaria Úrsula de *Cien años de soledad* (1967). Gabo iba y volvía, al principio desde sus colegios en Barranquilla y Zipaquirá, luego desde la universidad en Bogotá, y más tarde desde Cartagena y Barranquilla, cuando se lanzó a vivir de la escritura. No obstante, sus vacaciones fueron decisivas para el autor, a juzgar por el tardío homenaje que les rindió en sus memorias, *Vivir para contarla*. En «el pueblo» aprendió las mieles de la parranda, se inició sexualmente en brazos de la mujer que desvirgó a generaciones de mojaneros, Orfelina Gutiérrez Castro, y conoció a la singular Mercedes Barcha. De allí salieron también las historias del primer Macondo, el de *El coronel no tiene quien le escriba* (1961), *La mala hora* (1962) y algunos de los cuentos de *Los funerales de la Mama Grande* (1962).

Caminando por las calles de Sucre-Sucre, habría de experimentar la huella más vívida que me encontrara de la presencia de García Márquez y su familia. Pero antes de sumergirlos en ese viaje, haré una primera parada por el camino de lo novelado, para contarles cómo recreó a ese pueblo y a los protagonistas de esta historia, el hermano mayor de los García Márquez.

3. Crónica de un narrador implicado

Una de mis experiencias favoritas con *Crónica de una muerte anunciada* ha sido enseñarla a mis alumnos estadounidenses, esos lectores desprevenidos, culturalmente distantes y ajenos a los hechos reales, a los que he visto una y otra vez caer seducidos por esta historia. Suelo empezar la discusión en clase con una pregunta aparentemente simple: ¿de qué se trata esta novela? La mayoría se remite a las tres líneas centrales privilegiadas por el título: es la historia de un periodista que recoge las piezas de un crimen (crónica de), la historia de Santiago Nasar asesinado por los hermanos Vicario (una muerte) o la historia del pueblo que admitió la muerte de Santiago Nasar (anunciada). Como destaca el epílogo suprimido de la novela, *Crónica* es, además, la historia de los esposos cuya unión es contrariada por el crimen, Ángela Vicario y Bayardo San Román (en la realidad, Margarita Chica Salas y Miguel Reyes Palencia).

La maravilla de la novela es que, en efecto, podemos entrar y salir de ella desde muchas puertas. De lo contrario no sería un clásico. No obstante, la novela misma favorece ciertas rutas de ingreso y limita otras. El siguiente es un mapa de esas rutas, en el que trazo las principales estrategias a las que recurre el escritor para hilar las historias que cuenta —y para hacer algunas más o menos visibles—, y marco las más decisivas alteraciones de los hechos reales durante el proceso de escritura de la novela y las tácticas de las que se valió el maestro para inmortalizar en la memoria de sus lectores, y hasta de sus testigos, su versión del triángulo trágico de Margarita, Cayetano y Miguel. En él señalo, además, un sendero relegado en la interpretación de las grandes obsesiones del autor que emergen en esta historia —el poder, la violencia y el amor—. Me refiero a la trayectoria de la víctima femenina de la violencia del poder, y de la violencia del amor.

Antes de encontrarme con la «historia secreta del amor terrible», la más intrigante de las vías de entrada en la novela para mí era la historia del cronista. Su relato, contado en primera persona, transcurre así: un reportero regresa a su pueblo tras veinticinco años de haber ocurrido un «crimen atroz» del cual fue testigo. Entre las páginas sueltas de un sumario incompleto que lo devuelve a los testimonios originales y los rumores persistentes sobre los hechos, el reportero reconstruye los antecedentes, los detalles y las consecuencias del crimen. Tras una boda descomunal a la que todo el pueblo asistió, Bayardo San Román había devuelto a su esposa, defraudado por no encontrarla virgen. Ángela Vicario, forzada por la madre y los hermanos a confesar, había acusado a Santiago Nasar de haberla deshonrado. En consecuencia, Pedro y Pablo Vicario, amigos del cronista y del muerto, habían acuchillado a Santiago Nasar en la plaza principal del pueblo y ante la vista de cientos de vecinos. Al narrador lo había cogido el crimen durmiendo la borrachera en el burdel del pueblo. A Santiago lo había tomado desprevenido también, a pesar de que los hermanos Vicario se habían cansado de anunciar su plan, con el propósito velado de ser detenidos. Veinticinco años después, esa muerte traumática seguía acosando a los testigos, que no lograban explicarse su papel en la ejecución de la sentencia contra Santiago.

Además de recontar los hechos, el narrador nos pasea capítulo a capítulo por su evaluación de la participación de cada uno de sus protagonistas: el muerto, los esposos, los asesinos, el juez del sumario y el cronista (ambos encarnación textual del mismo García Márquez) y el pueblo. En medio de las muchas dudas que deja sin resolver, el cronista esboza las «verdades» que considera inmunes a las trampas de la memoria y el olvido: que la de Santiago Nasar fue una muerte injusta, pues era inocente; que la acusación en su contra fue falsa, pues Ángela Vicario mintió; que los hermanos Vicario no querían matarlo, pues hicieron todo lo posible para que los detuvieran; y que los testigos permitieron esa muerte, pues a todas luces pudo haberse evitado. De esas «certezas» surgen los grandes misterios que obsesionan a lectores y críticos de la novela: ¿quién fue el verdadero culpable de la deshonra de Ángela? y ¿cómo y por qué fue posible una muerte tan anunciada? Tras estos enigmas subyace una invitación al lector a indagar en el tema de fondo: ¿quién puede considerarse el verdadero responsable de la violencia? Hasta allí lo que, en el epílogo que detonó la escritura de este libro, Gabo denomina «la historia de un crimen atroz».

La otra parte de la historia, la de la novia y sus amores, es oscurecida por la ambivalencia del cronista hacia Ángela Vicario, su prima, a cuya dudosa confesión atribuye la muerte de Santiago. Mientras los hermanos vengadores son obligados por el código del honor, y el esposo es, según consenso del pueblo, la única verdadera víctima de lo sucedido, la participación de Ángela no es atribuida a la fatalidad, las circunstancias o legítimos errores, sino a su presunta lealtad a un amante escondido. Años después, cuando tras haber sido humillada, golpeada y exiliada del pueblo, Ángela Vicario ha reclamado las riendas de su destino, sufre la súbita revelación de que ama a Bayardo San Román, el arrogante pretendiente con quien se había casado a regañadientes ante el deber ineludible de sacar a su familia de la pobreza. Decidida a «hacerse virgen» de nuevo para él, la protagonista dedica diecisiete años a escribir las casi dos mil cartas que inspiran el retorno del esposo agraviado, con el fajo de esas cartas bajo el brazo y sin haber abierto la primera de ellas. Este «final feliz» concluye «la historia secreta de un amor terrible» a la que el narrador se refiere en aquel epílogo que no llegó a ser parte de la novela.

Un barrido rápido por la crítica de *Crónica* demuestra la influencia que ejerce la perspectiva del cronista sobre las interpretaciones de la novela por sus lectores, incluyendo a aquellos que nos ganamos la vida haciendo estas lecturas. Pueden resumirse, a riesgo de simplificar, en dos corrientes: la de los que le creen a ese narrador y se lanzan con él a resolver los misterios anunciados, y la de los que no le creen, ya sea porque consideran que su juicio de los hechos es equivocado, que su tarea es inabarcable o que nos está ocultando algo. El espectro entre las dos tendencias es amplio y abunda también el escepticismo selectivo.

Entre los que le creen al narrador, proliferan los análisis literarios, sociológicos y hasta jurídicos del porqué de la complicidad del pueblo. Mucha tinta ha corrido asimismo en torno a la identidad del supuesto amante secreto de Ángela Vicario. Entre la minoría que cuestiona las conclusiones del narrador cabe destacar a quienes niegan la «inocencia» del protagonista y concluyen que fue Santiago el «verdadero amante» de Ángela. Otra tendencia, de corte más filosófico, subraya las limitaciones de la memoria y la dudosa objetividad del narrador para cuestionar la posibilidad misma de encontrar respuestas o, en últimas, acceder a «la verdad». Un puñado de lecturas se enfoca en la ambivalente caracterización de la novia devuelta, y en la historia de amor entre los esposos. A esa línea retornaré en la «Crónica de la novia rebelde». Me quedo por ahora con la forma en que el cronista logra sembrar de manera tan poderosa las conclusiones más comunes sobre la «muerte anunciada».

Para empezar, el narrador reconoce las limitaciones de su proyecto: la escasez de pruebas, el tiempo transcurrido desde los hechos y las incongruencias entre los testimonios de los testigos. Incorpora además una diversidad de visiones, cuyas contradicciones comenta, a veces sin resolver, invitando a sus lectores a ser la última autoridad en esos asuntos. Sin embargo, no deja de presentarse a sí mismo como un investigador hábil, haciendo el mejor trabajo posible para elucidar ese rompecabezas complicadísimo. Pasa además que esa voz en primera persona, que filtra las voces de los otros y nos guía en el esclarecimiento de los sucesos, es la voz de un amigo del muerto, del esposo y de los asesinos, e incluso uno de los posibles autores de la desfloración de Ángela Vicario, quien para colmo es su prima. Pero incluso las advertencias explícitas sobre su implicación en los hechos promueven la confianza del lector en ese guía. No solo es un miembro de la comunidad y por eso entiende mejor lo sucedido, sino que es un tipo honesto, tanto que hasta nos dice que no lo sabe todo, de allí que haya que creerle lo poco que dice saber.

Otro hecho contribuye a que sea percibido como un reportero confiable: el narrador se identifica con el escritor en su faceta periodística. Autor y narrador recurren además a las técnicas del reportaje en la reconstrucción de su historia, prestando la credibilidad del García Márquez periodista a su encarnación dentro de la narración. Una primera alteración de lo real, la invención del narrador «testigo», sugiere que el escritor reconocía el poder de esa identificación. Los detalles que ambientan la presencia del cronista en el pueblo, como las parrandas con los amigos y la relación con la prostituta con la que dice haber estado durante el crimen, resultan de experiencias reales del autor durante su adolescencia en Sucre-Sucre. Pero en la realidad, García Márquez se había enterado de la noticia desde Barranquilla, y le tomó décadas reconstruirla a fuerza de indagar en el cuento entre familiares y amigos. Incluso los diálogos con sus testigos ocurrieron en su mayoría en Cartagena y Barranquilla, porque el reportero no regresó al pueblo del crimen. Su encuentro con la supuesta prima, sobre el cual basa la historia posterior de la esposa devuelta y la del retorno de Ángela y Bayardo, fue igualmente imaginario.

No está de más recordar que, pese a su título, *Crónica de una muerte anunciada* es solamente en apariencia un reportaje. La novela es un híbrido con deudas obvias a la novela policíaca y a la tragedia griega. De manera que nuestro narrador es también un detective, movido a descubrir no solo cuáles fueron las circunstancias, sino cuáles fueron las motivaciones profundas que llevaron a «una muerte cuyos culpables podíamos ser todos». Las palabras del juez instructor guían las posibles soluciones a ese gran misterio. «La fatalidad nos hace invisibles», se lee en el sumario, cimentando las tendencias de testigos, lectores y críticos a rastrear los orígenes del crimen en los inexpugnables designios del destino. Haciendo eco de la tragedia clásica, los que siguen esta «solución» justifican así la pasividad con la que los miembros del pueblo se prestan para el sacrificio de Santiago Nasar. En otra anotación, el juez propone una explicación alternativa, «Dadme un prejuicio y moveré al mundo», fundamentando la asignación de móviles mucho más mundanos a esa muerte.

La aparente contradicción entre fatalidad y prejuicio no se resuelve en la novela, porque sus funciones se complementan. La creencia en la fatalidad, anclada en la visión judeocristiana del mundo y aparentemente contraria al albedrío humano, aparece en la novela como una más de las estrategias del poder para garantizar la complicidad de los individuos en la opresión que ellos mismos ejercen sobre los otros. No es que el crimen no fuera evitable, sino que el creerlo inevitable lo hizo posible. Lo mismo puede decirse del poder amenazado por la transgresión del código de honor y restablecido por la violenta muerte de Santiago Nasar. No es que la tiranía del prejuicio, el despotismo de una iglesia hipócrita y su moralidad, la indolencia de los blancos y ricos, la brutalidad de unas autoridades corruptas, o el privilegio de los machos sean el único orden posible, es que creer en ese orden inevitable lo hace posible. Y cuando la transgresión de ese orden lo pone en duda, evidenciando la condición injusta e insostenible de esos poderes, la violencia se activa para negar y castigar la posibilidad de un orden distinto. Los miembros del pueblo asisten pasivamente a la ejecución de Santiago debido a su adhesión más o menos consciente a un orden del que son, unos más que otros, tanto victimarios como víctimas. Lo que no resuelve la novela es cómo el poder consigue la complicidad inconsciente de hombres y mujeres con un orden social que claramente beneficia solo a algunos.

La intersección del «destino» con la voluntad individual es, en suma, una paradoja sugerente e iluminadora. El otro gran misterio planteado por el narrador, el de la «verdadera» identidad del autor de la deshonra, genera, en cambio, contradicciones más difíciles de reconciliar. La estrategia que elige el cronista para demostrar la injusticia de la muerte de Santiago Nasar es promover, aunque sea indemostrable, la «inocencia» del muerto. La consecuencia obvia de esa insistencia es la deslegitimación de la palabra de Ángela. No me he encontrado todavía al primer lector o lectora colombiana que no recuerde la historia de *Crónica* como la de un tipo al que mataron porque una mujer lo acusó, aunque ella mintió. Tampoco he leído el primer artículo crítico que no dedique parte de su análisis a elaborar una teoría sobre el susodicho «verdadero» culpable de la deshonra de Ángela Vicario —que si Cristo Bedoya o el cura, que si el padre de Ángela (mi propia teoría en un momento anterior), el cronista o si ella misma—.

Tras leer los argumentos de docenas de críticos, lo único que me ha quedado claro es que todas nuestras teorías son plausibles con base en las pistas plantadas por el autor tanto en la novela como en varias de sus entrevistas y ensayos posteriores. De allí mi conclusión de que la insistencia en el misterio del amante de Ángela es, más que una invitación a que descubramos su identidad, una táctica para confundir al lector que, distraído por ese misterio, puede eludir verdades más inquietantes. Esta conclusión me acerca, por supuesto, al segundo bloque de los críticos, el de los desconfiados. Para una investigadora desconfiada, esta novela, en la que García Márquez hace de sí mismo un personaje con elementos autobiográficos, es un prisma singular del «hombre de su tiempo» que fue el escritor, y de la visión del mundo que sustenta no solo *Crónica* sino su obra completa.

El objetivo comprensible del autor era ilustrar la injusticia cometida contra su amigo y, al mismo tiempo, denunciar el orden social que la facilitó. Como diría García Márquez en sus memorias, «lo que me interesaba ya no era el crimen mismo sino el tema literario de la responsabilidad colectiva». El novelista no parece haber hallado mejor forma de probar la condición injusta de esa muerte que representar al muerto como un chivo expiatorio erróneamente sacrificado. El enigma del «verdadero» culpable era, además, una táctica para desplazar la culpabilidad desde los más inmediatos agresores hacia sus cómplices menos visibles. En ausencia del real transgresor —aquel que tendría que haber sido el objeto del castigo—, testigos y lectores quedamos ante dos salidas posibles: seguimos buscando al verdadero «culpable» o aceptamos el espejo que la novela nos ofrece para cuestionar cuán dispuestos estamos a tolerar la violencia en nombre del orden social vigente.

El afán de denunciar y provocar reflexión puede explicar además el estiramiento en la novela de la red de eventos que antecedieron la muerte del amigo. Esta segunda gran alteración de los hechos tenía una fuente real: el largo lapso transcurrido entre la boda y el crimen. Margarita y Miguel se habían casado el 20 de enero de 1951, pero Miguel se había emborrachado la primera noche y se había quedado a dormir en un hotel del pueblo. Al día siguiente, habiendo retornado a almorzar a la casa de la familia Chica, Miguel bebió de nuevo hasta la medianoche. De modo que no fue hasta la madrugada del 22 de enero cuando el matrimonio se consumó y Miguel descubrió que Margarita no era virgen. La tragedia tenía algo de «anunciada» también porque existía el rumor de que el noviazgo de Margarita y su primer novio, Cayetano, podía haber pasado a mayores. Pero entre el momento en que los hermanos se enteraron y el acuchillamiento pasaron, al parecer, apenas minutos, y en la realidad fueron pocos los que tuvieron la oportunidad de intervenir. De hecho, solo uno de los hermanos, Víctor, llegó a ejecutar su intención, porque un agente de la policía, según algunas versiones, detuvo a José Joaquín a tiempo. De manera que la responsabilidad del pueblo era menos obvia en la realidad que lo que su caracterización en la novela sugiere. No obstante, el énfasis del autor en la culpabilidad colectiva puede considerarse justo, ya que la moralidad reinante en aquel entorno toleraba la muerte por honor.

Quizás la explicación más clara que he leído sobre la participación de los testigos sea la dada por Luis Enrique, el segundo de los hermanos García Márquez, quien vivía entonces en Sucre-

Sucre. «Lo mató todo el pueblo», dijo en una declaración al periodista colombiano Juan Gossaín, a poco de haberse publicado la novela. Y «hay que comprender esas cosas»:

> Sucre era entonces un pueblo, una simple aldea elemental en la que los ricos y los pobres eran iguales si tenían un patrimonio común: el honor. Los Chica, por ejemplo, eran rematadamente pobres […]. Pero eran iguales a los Gentile, familia acaudalada, porque tenían honor y respeto. Los hermanos de Margarita sabían que no tenían más alternativa: o mataban al hombre que había deshonrado a su hermana o quedarían para siempre ante los ojos del pueblo como indignos y cobardes […]. Si esa no hubiera sido la manera de pensar de los vecinos, tal vez los Chica no se hubieran visto obligados a matar a Cayetano. Porque fue eso: una obligación. Tal vez a ello se deba ese símbolo muy bello que Gabito usa en la novela: los gemelos andaban buscando desesperadamente que alguien les impidiera matarlo.

A tono con la interpretación del hermano, la defensa del autor a su amigo consistió no solo en atribuir inocencia a Santiago Nasar de la acusación hecha por Ángela Vicario, sino en extender esa inocencia a los otros hombres directamente implicados. Del muerto dice que el juez instructor no encontró «un solo indicio, ni siquiera el menos verosímil, de que Santiago hubiera sido en realidad el autor del agravio» y que «murió sin entender su muerte». De los asesinos afirma que «hicieron mucho más de lo que era imaginable para que alguien les impidiera matarlo». Del esposo, asegura, citando el consenso de «la mayoría», que fue el único en seguir siendo una víctima después de que los otros asumieran, en palabras del narrador, «con dignidad, y hasta con cierta grandeza, la parte de favor que la vida les tenía señalada. Santiago Nasar había expiado la injuria, los hermanos Vicario habían probado su condición de hombres [...]. El único que lo había perdido todo era Bayardo San Román».

A conciencia o no, su estrategia sacrificaba a la otra víctima de la violencia en el texto: la novia devuelta. A conciencia o no, esa estrategia abría asimismo un canal de escape a sus lectores, a quienes entregaba otro objeto de sacrificio para expiar la culpa, ratificar el orden social —en particular el privilegio masculino— e ignorar la responsabilidad colectiva.

Valga decir que la deslegitimación de Ángela no fue tampoco la mera consecuencia de que el narrador defendiera a los hombres involucrados. El cronista no oculta su antipatía hacia la protagonista ni pierde oportunidad alguna en la novela para desmentir su palabra. Uso *antipatía* de manera muy deliberada, honrando a Ludmila Damjanova en un artículo que leí hace muchos años y que me regaló un recurso crucial para determinar las alianzas de las voces narrativas con sus personajes. Según Damjanova, la empatía puede rastrearse en los textos al evaluar si su narrador o narradora presenta a su personaje en los términos que este usaría para presentarse a sí mismo. Con base en la «prueba de la empatía», como la llamo ante mis estudiantes, no hay duda ninguna de que el narrador presenta a cada uno de los hombres de su historia como ellos querrían ser entendidos. Ni hay duda de que no le concede ese favor a Ángela.

En cuanto a la manía de desmentirla, cabe resaltar que el único momento en la novela en que ese reportero se da una licencia a sí mismo para dejar de ser testigo «objetivo» y convertirse en un narrador omnisciente, es cuando Ángela confiesa el nombre de Santiago Nasar. El cronista se sumerge en el pensamiento de Ángela para deducir, ¿o inducir?, cómo elige a su víctima entre muchas posibles: «Lo buscó en las tinieblas, lo encontró a primera vista entre los tantos y tantos nombres confundibles de este mundo y del otro, y lo dejó clavado en la pared con su dardo certero, como a una mariposa sin albedrío cuya sentencia estaba escrita desde siempre».

Debo aclarar que el coro de voces filtrado por la palabra y la visión del mundo del cronista es mucho menos generoso que él con Santiago Nasar. Los testimonios de los vecinos dan voz a la desconfianza, y el rencor, ante los hábitos predatorios de Santiago contra las mujeres más pobres, entre otros de sus privilegios de hombre blanco y rico. De allí que el cronista tenga que hacer realmente el trabajo de convencernos de la inocencia del amigo. Mucha de su energía se encamina a demostrar la inverosimilitud de que haya habido un encuentro, sexual o de cualquier índole, entre Ángela y Santiago. Varias alteraciones de lo real contribuyeron a este propósito específico. La más decisiva fue negar rotundamente la relación entre el muerto y la novia, y el rumor sobre la virginidad perdida de ella. En contraste con lo recreado en *Crónica*, el noviazgo de Cayetano Gentile y Margarita Chica era de dominio público en Sucre-Sucre. El manuscrito inédito encontrado en el archivo de Austin delata además que, hasta su penúltima versión, en el pueblo de *Crónica*, como en el real, circulaba el rumor de que Ángela Vicario no era «señorita». Bayardo San Román, al igual que el novio de la realidad, se casaba a sabiendas de que su prometida había estado enamorada de otro hombre. Es más, el novio confrontaba a Ángela sobre esta posibilidad antes de la boda. Leído a contraluz, tras un fragmento tachado en marcador negro, se trasluce el texto cuya supresión tardía, en un giro magistral, cimienta el más seductor de los misterios de la novela:

Ángela Vicario recordaba con espanto, y había de recordarlo hasta la hora de su muerte, la noche en que Bayardo Aponte [San Román] conoció el rumor. Habló a solas con ella para que su madre no se enterara de su tormento, y estaba tan desesperado que quería llevarla con el padre Amador para que le revelara en presencia suya la verdad de su estado. Desde entonces no tuvo un instante de paz. Ángela Vicario lo veía entrar en su casa con los ojos atribulados de tanto llorar, y lo único que parecía consolarlo era la ilusión de la muerte. «Se volvió temático y peligroso», me dijo ella. «Yo estaba aterrada, no tanto por lo que pudiera ocurrir, que ya era mucho, sino porque nunca me había imaginado que un hombre pudiera enamorarse con tanto furor».

Dos décadas después, en *Vivir para contarla* (2002), García Márquez reviviría sus memorias de aquel chisme y retrataría una escena en la que su familia vio a Cayetano y Margarita «llegar de su finca en su mejor caballo, la maestra en la silla con las riendas en el puño, y él en ancas, abrazado a su cintura». Junto a la visible intimidad entre los novios, el autor remarcaría la osadía de su amigo al «entrar por el camellón de la plaza principal a la hora de mayor movimiento y en un pueblo tan malpensado».

Otra creación fundamental fue la resistencia de Ángela Vicario al matrimonio con Bayardo San Román. En la vida real, Margarita se había casado por amor y contra la reticencia de su madre hacia un prometido de quien se decía que tenía mujer y dos hijos en otro pueblo. Este giro, que perfilaría al personaje como una novia rebelde y leal al amante escondido, explica la necesidad de inventarse asimismo el amor tardío de Ángela por Bayardo, cuyo origen es remitido por el narrador a la furiosa consumación del matrimonio en la noche de bodas. También es digno de notar el rol que García Márquez asigna en la novela a la madre de Ángela

Vicario, quien castiga a golpes a la hija. En la vida real, Miguel, el esposo, se declararía autor de esos golpes hasta el final de su vida. Según Margarita, la susodicha golpiza no existió.

En la novela, la incredulidad del narrador hacia la confesión de Ángela está enmarcada por una suspicacia generalizada hacia las acciones, motivaciones y la palabra de las mujeres del pueblo. El cronista se refiere a los «silbidos quiméricos» de la prostituta, María Alejandrina Cervantes, la volubilidad de las novias de los amigos, la sospechosa costumbre de mujeres casadas que siguen juntándose entre ellas y bailando solas, la mala voluntad de la criada que elige no prevenir a Santiago para evitar que abuse de su hija como su propio patrón, el padre de Santiago, había hecho con ella. Ni siquiera la madre de Santiago, de quien se sugiere que estaba enamorada de su hijo, escapa a la desconfianza del narrador. Las únicas dos excepciones son Luisa Santiaga, la madre del cronista, y Clotilde Armento, la dueña de la tienda donde los gemelos Vicario esperan la aparición de su víctima.

Luisa y Clotilde son las únicas que actúan sin vacilación con la intención de detener la violencia, y las más lúcidas intérpretes de la raíz de esa violencia. «Hombres de mala ley», «animales de mierda que no son capaces de hacer nada que no sean desgracias» —acusa Luisa Santiaga, mientras corre a avisarle a la madre de Santiago lo que se cuece a sus espaldas. «Ese día me di cuenta de lo solas que estamos las mujeres en el mundo», se queja Clotilde Armento ante el narrador recordando el fracaso de sus múltiples intentos de avisarle a Santiago y hacer detener a los hermanos. Del mismo modo, es Clotilde quien reconoce a Cristo Bedoya, el amigo de Santiago que confronta a los gemelos Vicario, como el único hombre que «en este pueblo de maricas […] podía impedir la tragedia».

En una extensa entrevista concedida a Plinio Apuleyo Mendoza, García Márquez se defendió de las acusaciones de algunas críticas feministas a su obra enarbolando precisamente el retrato del machismo esbozado por esta novela:

La concepción que tienen del machismo las llamadas feministas no es la misma en todas ellas, ni siempre coincide con mi propia concepción [...]. *Crónica de una muerte anunciada*, para no citar sino uno de mis libros, es sin duda una radiografía y al mismo tiempo una condena de la esencia machista de nuestra sociedad. Que es, desde luego, una sociedad matriarcal.

Sin duda, *Crónica* es una crítica de la expresión extrema del patriarcado que mueve a los hombres a matarse entre ellos para demostrar su hombría. Al mismo tiempo, la representación de Ángela revela los límites de esa denuncia contra el machismo, y las falacias tras la concepción de nuestra sociedad como «matriarcal».

«La historia secreta del amor terrible» surge del otro acto de violencia destinado a controlar la transgresión del código de honor: el castigo de la novia deshonrada, ejecutado por el esposo que la devuelve, la madre que la levanta a golpes y se la lleva para confinarla en el destierro y el pueblo que la condena al oprobio. En contraste con la descarnada caracterización de la violencia contra Santiago, el castigo de Ángela brilla por su discreción. La noche en que salen del pueblo para siempre y «sin que nadie se diera cuenta», anuncia el narrador, «Pura Vicario le envolvió la cara con un trapo a la hija devuelta para que nadie le viera los golpes, y la vistió de rojo encendido para que no se imaginaran que le iba guardando luto al amante secreto». Como en un «espejo hablado», esta escena refleja lo que la novela misma hace con la otra gran víctima de los hechos, atrapada por los impulsos contradictorios de un reportero que, si bien necesita contar su historia, opta por encubrir la violencia de la que ella es objeto. Enfocado en una denuncia de la violencia ejercida por hombres inocentes sobre hombres inocentes, el cronista no parece comprender que ese «colmo del machismo» que denuncia Clotilde en la novela, el mismo que motiva a sus protagonistas a matar, es la expresión más brutal del patriarcado que cobra entre las mujeres sus víctimas cotidianas.

Para cuando ese narrador se reencuentra con su prima, a veinticinco años de su desgracia, Ángela ha sido el objeto de un matrimonio forzado y de castigo físico y psicológico, quizás hasta de violación. No obstante, movido por su obsesión de armar el rompecabezas de la «muerte anunciada», el narrador insiste en cuestionar su palabra, exhibiéndola una vez más como mentirosa y por ende responsable de la violencia machista. De esa representación surge también mi desconfianza hacia la felicidad que el narrador atribuye al personaje en su reencuentro con el esposo. A los sentidos posibles del desenlace de «la historia secreta de un amor terrible» retornaré más tarde en la «Crónica de la novia rebelde». Baste decir aquí que la representación de la protagonista evidencia en últimas el desconocimiento por parte del escritor de la mujer a la que, en otra intrigante inconsistencia entre realidad y ficción, eligió no comprender mejor. Pues pese al rol de riguroso reportero asumido por el cronista, en la realidad García Márquez no se ocupó de buscar a Margarita Chica, quien además no era su prima. De haberlo hecho, quizás ella misma habría resuelto varios de los misterios de la historia, proveyendo no solo un contexto plausible para la relación sexual con Cayetano, sino una confesión sobre aquello que ella consideraba su verdadero error: no haber revelado a tiempo esa relación.

A juzgar por la exclusión del testimonio de Margarita, y por el cuestionamiento recurrente de las declaraciones de Ángela, la concepción de la obra y el propósito del autor competían con la denuncia explícita de las injusticias de las que la protagonista también fue víctima.

Tras los misterios más sonados entre los lectores de la novela, y la más aclamada versión de los hechos reales, se agazapa, pues, la historia de la esposa devuelta, la violencia de la que fue objeto y los «terribles» amores que justificaron esa violencia. Oculta permanece asimismo la verdadera historia de la mujer que dio origen al personaje, Margarita Chica Salas, estremecida treinta años después del crimen cometido en su nombre por otra desventura: la publicación de *Crónica de una muerte anunciada*.

4. Crónica de un pueblo novelado

La noche anterior a mi añorada llegada en septiembre de 2021 a La Mojana, la región donde está localizado el pueblo del crimen, puse a prueba mi paciencia. Una señora nacida en Sucre-Sucre me contó con pelos y señales la trama y acciones de *Crónica de una muerte anunciada* como si la hubiera vivido en persona. Era, por supuesto, la historia de un hombre muerto a manos de los hermanos de una mujer a la que devolvieron por no ser virgen, aunque él era inocente. Un rato después, esa hija de testigos de la tragedia me confesaría que había leído la novela tres veces y se había visto dos la película.

La testigo había sido invitada por Osvaldo, médico de la región y amigo de una de mis acompañantes, Irina Junieles. Nos habíamos encontrado en un restaurante de Magangué, el puerto fluvial sobre el río Magdalena del que saldría mi comitiva al día siguiente. Irina es una de mis dos amigas del alma que se sumaron con entusiasmo al viaje a La Mojana. Estaba de vacaciones esa semana y gracias a ese milagro había podido acompañarme además a su pueblo natal, Sincé, otra parada ineludible en la trayectoria de los García Márquez en el departamento de Sucre. A nuestro lado iba mi hermana por elección, Olga Cabeza, a quien la vida había designado para que me abriera las puertas de Sincelejo, la ciudad donde Margarita vivió la mayoría de su vida. La presencia de Irina y Olga era para mí un regalo, no solo por la oportunidad de pasar tiempo con mis amigas, sino porque ambas son mujeres de justicia, con trayectorias en derechos humanos y ambientales, y con nutrida experiencia trabajando en el campo colombiano. Cerraba la comitiva Blas Piña, el periodista que había obtenido la única entrevista en vida de Margarita Chica. Blas se había decidido, cuarenta años después de esa entrevista, a escribir un libro sobre Margarita, y aprovechaba mi viaje para volver a la escena del suceso que le desvió la vida.

Teníamos que madrugar para tomar la chalupa de las seis de la mañana, de modo que optamos por dormir en el único Airbnb de Magangué, puerto que además conecta la depresión de La Mojana con el resto del país. Nos arrulló el estertor de un aguacero que tuvo la decencia de no desatarse hasta esa noche. Hacía semanas que monitoreábamos las noticias de las inundaciones en la zona. Los periódicos hablaban de quince mil familias desplazadas, de miles de hectáreas de arroz devastadas y de animales flotantes que me recordaron el proverbial diluvio tras la masacre de las bananeras en *Cien años de soledad*. Presagiaban que este invierno podía ser peor que el de 2010, cuando los habitantes de Sucre-Sucre vivieron con el agua hasta las rodillas por seis meses.

—El casco urbano estuvo sumergido desde el 2 de agosto hasta el 2 de enero, la inundación más larga de la historia —nos explicaría el profesor Isidro Álvarez Jaraba en nuestro primer desayuno en Sucre-Sucre—. Alguna gente se fue a los albergues del gobierno, pero la mayoría se quedó, haciendo tambos dentro de sus casas y viviendo de lo pescado. La heladería montó un tablón, y encima, sus mesas. La gente llegaba en canoa. Así andábamos todos por el pueblo. En el colegio seguimos trabajando, los estudiantes llegaban en lanchas Johnson. Hasta el cura pescaba en la iglesia hundida para alimentar a los gaticos.

Para la inundación de 2011 los sucreños estaban mejor preparados. Los que se habían refugiado el año anterior se quedaron esta vez, huyendo de la soledad y los fríjoles duros de los albergues. Isidro nos contó orgulloso que así confirmó que «de esta región no nos vamos». No obstante, cada tanto resuena otra vez la algarabía de los políticos del interior del país y sus aliados regionales, empeñados en reubicar a los mojaneros y continuar despejando para sus vacas la tierra nutrida por las crecientes. El acoso del agua tampoco cede. En el «invierno» de 2022, mientras editaba este libro, y cuando empezaban a difundirse en el más reciente de los documentales sobre *Crónica* imágenes del pueblo sumergido en el 2010, se presentó otra de esas obstinadas inundaciones.

La víspera del viaje a Sucre-Sucre, Osvaldo, nuestro improvisado anfitrión en Magangué, nos había hecho una breve introducción a la vida anfibia en la región de La Mojana, a la manera de antaño, cuando la gente sabía vivir con la naturaleza y no contra ella. Él mismo, cuando niño, había celebrado muchas veces la creciente, con la misma inocencia con que mis hermanos y yo nos bañábamos en los primeros aguaceros en Cartagena, sin inmutarnos por el estruendo de los truenos. Los habitantes de la región sembraban en la época seca, de noviembre a abril, y vivían de pescar durante las lluvias y crecientes progresivas, que solían darles tiempo de construir terraplenes en sus casas o moverse a los playones de las regiones más altas. El método era heredero del sistema de camellones que alimentó el esplendor del reino Panzenú antes de la llegada de los españoles. Se estropeó cuando comenzaron a construir muros de contención, los «jarillones», que desplazaron la costumbre de elevar las casas, entre otras prácticas de adaptación ancestrales, y facilitaron las inundaciones súbitas que se desatan cada vez que uno de esos muros se rompe. Alguna vez, cuando Osvaldo fue alcalde de Pinillos, su pueblo, obnubilado por las promesas del progreso propuso construir una de esas murallas, pero un pescador se opuso rotundamente alegando que prefería seguir estacionando su canoa debajo de la cama.

La conversación con Osvaldo matizó nuestro ingreso en aquel paisaje de casas sumergidas que empezó a surgir en el horizonte tan pronto como nuestra chalupa entró, vía el río Magdalena, al río San Jorge, y de allí a las ciénagas y canales de La Mojana. En la cuenca de agua creada por esta vasta depresión geológica confluyen, y se regulan, los ramales de varios de los más grandes ríos de Colombia, de paso hacia su desembocadura en el mar Caribe. La chalupa se mueve más rápido de lo que anticipaba, excepto al acercarse a los bosques de taruyas y a las zonas pobladas. Todo lo que yo veo es agua, aves de todos los colores y unas banderitas rojas con las que los pescadores señalan los caminos cerrados por el enramado que las plantas de ríos y ciénagas crean al extenderse para que sus hojas reverdezcan en la superficie. Pero nuestros vecinos en la chalupa discuten las rutas abiertas y sugieren atajos posibles como si los vieran en un mapa. Irina va siguiendo el recorrido en su teléfono.

—Según el señor Google Maps, estamos en tierra firme —señala sonriendo.

El conductor hace dos paradas, la primera para limpiar unas taruyas que han atascado el motor, la segunda para que tripulación y pasajeros se abastezcan de bocachico recién pescado por un señor de sombrero ancho que despacha desde una embarcación larga y angosta, como una canoa, que parece hecha de hierro. Un niño saluda con la mano, al verme tomar una foto, desde dentro de una casa verde sumergida en la rivera del «brazo de La Mojana», que pronto nos llevará al pueblo donde ocurrió la «muerte anunciada».

En Sucre-Sucre nos recibe «el profesor Isidro», autor de un libro sobre el papel de esta región en la obra de García Márquez, que es tan poético como su título, *El país de las aguas*. Isidro es también curador del recorrido de cuarenta y nueve paradas que no alcanzaremos a completar en dos días de sopor, cerveza y pescado frito, en sancocho y en cabrito. Al «profe» lo había visto en varios documentales sobre Gabo compartiendo el mosaico de los testimonios del paso de los García Márquez por el pueblo, que recogió entre sus testigos antes de que sus memorias y vidas se extinguieran. Isidro es un apasionado defensor de la ecología y del imaginario mágico de los hombres anfibios. Es igualmente un gran narrador, que irá superponiendo a la cotidianidad y a la decadencia material visible las capas de una memoria atesorada con rigor, su propia versión de las historias de García Márquez y de las gentes de La Mojana, que reclaman con derecho su lugar en la exuberante imaginación del premio nobel colombiano.

El nombre del pueblo honra los trapiches de la región, otrora la «capital» del emporio forjado por las familias llegadas a fines del siglo XIX de la antigua urbe colonial de Mompox y de la región aledaña de La Sabana. Ya en el siglo XX se unirían inmigrantes sirio-libaneses y egipcios —que por aquí llaman «turcos»—, al igual que italianos, franceses y alemanes. En manos de esas familias, Sucre-Sucre se convirtió en la central de la producción azucarera regional. La panela de hoja y el aguardiente salían por brazos y canales de La Mojana en enormes embarcaciones para ser repartidas por el río Magdalena, la aorta fluvial colombiana. Las barcas retornaban desde Barranquilla con telas y enseres importados que nutrían las nostalgias y las aspiraciones de las familias de la élite. El origen de la riqueza de la región era además una entramada red de alianzas y dinámicas de apropiación de la tierra de origen colonial, beneficiadas, ya entrado el siglo XX, por una ley de baldíos, que permitió la titulación de grandes extensiones del territorio a contadas familias. A este paisaje social se refiere García Márquez en *Vivir para contarla*: «Las costumbres sociales —simplificadas por el uso— eran las de una vida moderna dentro de una cultura feudal: los ricos —ganaderos e industriales del azúcar— en la plaza mayor, y los pobres donde pudieran».

En aquel pueblo remoto pero próspero, con fábricas de hielo, moledoras de maíz y café, y hasta teatros, que atrajo a aventureros y trabajadores, el padre de los García Márquez realizó su sueño de fundar una farmacia, practicar exitosamente la homeopatía y darle a su familia una vida de abundancia. Allí construyó Gabriel Eligio su primera propiedad, «El castillo», una casa amplia y con jardín, otrora elevada, que hoy es una carcasa hundida bajo el nivel del piso en un pueblo que ha tenido que levantarse dos metros y medio para sortear el asedio del agua. Isidro nos habló de sus gestiones ante varios organismos del Estado colombiano para recuperar esa propiedad de manos privadas, y preservarla como riqueza patrimonial.

Cuentan que Sucre-Sucre cayó en desgracia cuando, para conjurar la crisis sanitaria desatada por una sequía, al cura de un pueblo vecino se le ocurrió construir un canal artificial entre el brazo de La Mojana y el río Cauca. Inaugurada en 1938, «La boca del cura» agravaría los tapones ocasionados por la sedimentación del Cauca, y se convertiría en un brazo de caudal incontrolable cuyo desborde, durante las siguientes tres décadas, anegó los trapiches y desvió el comercio fluvial. Al problema ambiental se aunó la ebullición de la violencia bipartidista, que llegó a su cumbre tras el asesinato del candidato presidencial liberal Jorge

Eliécer Gaitán en 1948. El resultado fue un éxodo hacia las ciudades de las familias cuyos caserones se descascaran aún alrededor de la plaza del pueblo. Con esas familias, entre ellas la de Cayetano Gentile Chimento y la de García Márquez, se fueron la riqueza y la gloria de la que alguna vez fue «La Perla de La Mojana».

En medio de la plaza varias veces renovada continúa la iglesia de las memorias de Gabo, «una versión de bolsillo de la catedral de Colonia, copiada de memoria por un párroco español», y elevada también en los tiempos del esplendor. Desde allí sonaban «las campanadas correspondientes a la calificación moral de la película anunciada en el cine contiguo, de acuerdo con el catálogo de la Oficina Católica para el Cine». La Prefectura Apostólica del San Jorge había sido creada en 1924 y entregada a la orden de Burgos, conocida por su rigidez jerárquica, que habría de tomar las riendas de aquel reino de supersticiones, uniones libres y gentes mestizas, propensas a la rebeldía contra el Estado y la Fe, que aún era en ese entonces la región de La Mojana. En esa misma iglesia, financiada por el caudal de las élites locales, permanece la partida de matrimonio de Margarita Chica Salas y Miguel Reyes Palencia. Diagonal a su puerta principal está la casa donde vivió Cayetano Gentile y, a unos metros, el callejón donde fue acuchillado.

Lo primero en asombrarme al enfrentar el escenario del crimen fueron las dimensiones reales de los espacios extendidos por la novela. Al igual que por la película, cuya plaza Francesco Rosi hizo construir a la medida de su imaginación en un pueblo a las afueras de Cartagena. Desde la ubicación donde, según cuentan en el pueblo, los hermanos Chica Salas esperaron a Cayetano Gentile Chimento se pueden ver la entrada de la casa de la víctima fatal y la esquina de la calle perpendicular por la cual venía caminando. No había ni diez pasos entre la esquina y la casa, de modo que Cayetano habría tenido todo el tiempo del mundo para entrar, de no haber sido por otra figura cuya participación fue realmente trágica en esta historia, la señora Julieta Chimento. La madre de Cayetano, a quien el azar le tenía deparado cometer un error del que no podría recuperarse jamás, creyendo que su hijo estaba adentro, le cerró la puerta. Cayetano siguió corriendo hasta ser alcanzado en un callejón aledaño, desde el cual regresó a su casa herido por entre los patios de los vecinos. Un primo de Víctor Chica, el único que al parecer los recuerda en el pueblo, nos contaría más tarde sobre la maldición pronunciada contra los Chica Salas por la señora Julieta, y sobre el infausto desenlace de varios miembros de esa familia, que el primo acredita a la palabra adolorida de esa madre.

En una de las calles periféricas del pueblo, poco después de pasar el colegio de las monjas de las Mercedes donde estudiaron las García Márquez, y a dos casas de lo que fue el colegio de varones, llegamos a una larga propiedad de madera de un azul vibrante, extrañamente dividida en tres por una casa de cemento construida en el medio. Isidro nos hace notar los triángulos tallados sobre la fachada azul casi a rayar del suelo, el «menú» con el que se ofrecían las vulvas largas, abultadas o peludas de las mujeres del burdel La Hora. Nos recibe, por una afortunada coincidencia, la señora Neyis del Carmen Herrera Tinoco, quien se desconcierta ante nuestra alabanza de su casa de madera, comentando que los vecinos —evidentemente adeptos al bloque y el relleno— se quejan de que les afea la calle.

—¡Para nada! —contesta Irina, cuya casa en Sincé, de paredes de boñiga seca de vaca y techo de paja, es un tesoro familiar.

Neyis recuerda para nosotros las épocas de los grandes eventos que se llevaban a cabo en La Hora, bailes con bandas y orquestas a los que asistían, a puerta cerrada, los señores y señoritos de las mejores familias del pueblo.

—Antes los burdeles eran más reservados, no como ahora que las mujeres salen enjueras [en cueros] a la calle. Mi mamá me crio cocinándoles a todas las mujeres que trabajaban aquí. La dueña del burdel era mi madrina.

Cuando Isidro le pregunta si recuerda algo de Cayetano o de García Márquez, Neyis aclara que era demasiado niña cuando pasó lo de Cayetano. De García Márquez señala, refiriéndose a un rumor sobre su época juvenil:

—A él como que lo calumniaron. Pero a mí no me consta, y es mejor estar callaos, porque no se sabe quién le rasguña la espalda a uno.

Antes de seguir hacia el cementerio inundado donde está la tumba de Cayetano, Neyis nos desanima de meternos sin botas en el agua de los muertos. Al llegar compruebo la sensatez de la hija de la cocinera, y nos resignamos a ver desde lejos las tumbas de los varios personajes novelados de Sucre-Sucre. Un par de niños juegan a pescar con cañas de palo encaramados en el muro exterior del cementerio.

Falta una tumba en ese cementerio, la de Miguel Reyes Palencia, quien, según le contó a Isidro en su visita de 2016, nació en la misma casa que Jaime García Márquez, en 1922. La visita del esposo era parte de la filmación del último reportaje televisivo sobre aquel hombre que se deleitaba posando como el único personaje vivo de García Márquez.

—No lo era —desmiente Isidro, aclarando que la empleada de los Gentile, en quien se basa el personaje de Divina Flor en *Crónica*, sigue viva. Sentada en la esquina de una casa cerca al cementerio, logramos ver, con el disimulo de quien se roba una foto, la estampa morena enfundada en un traje azul y la cabellera blanca de la Picho.

Isidro recuerda que Miguel, quien volvió tras sesenta y cinco años de haber huido de un pueblo herido por la muerte de uno de sus miembros insignes, llegó con una joven «enfermera» con la que durmió en la misma cama. También nos cuenta de su llanto ante la tumba de Cayetano, y de las ocho veces que los reporteros le hicieron la misma pregunta, en distintos sitios y momentos, tratando de que describiera de manera menos ofensiva la noche de su boda con Margarita. Pero no hubo forma. En el reportaje final, el último de sus testimonios sobre ella, Miguel habla en estos términos: «Me acosté con ella, y le dije: abre las patas que voy pa dentro, la clavé como dicen en el idioma, y le dije no joda, puta, tú estás rota, y la devolví». Irónicamente Miguel afirma a su vez que Cayetano sí fue el primer hombre de Margarita. «Los dos eran unos niños» dice, citando la «confesión» que Margarita misma le hizo en un encuentro posterior.

Isidro recuerda de igual manera que, advertida por los avances de la promoción de *Así fue el retorno de Bayardo San Román a Sucre y a sus recuerdos*, la familia de Margarita se comunicó con Caracol Televisión, pero no pudo evitar que sacaran al aire las infames declaraciones.

Miguel murió ocho meses después.

Sentados en el billar, cerveza en mano y a ritmo de vallenatos viejos, proceso con Isidro mis impresiones del recorrido. Nos recibe y atiende el señor Félix, orgulloso heredero de otro personaje de García Márquez, quien exhibe feliz las bolas robadas y devueltas en uno de sus cuentos, «En este pueblo no hay ladrones». Aunque había preparado a Isidro por teléfono, diciéndole que iba tras las huellas de Margarita, ni sus dotes de historiador ni su magia de poeta anfibio pudieron remover los sedimentos que han hundido los antecedentes de la familia Chica Salas. En esta región, donde el mapa geopolítico de sus habitantes sigue siendo un entramado de apellidos, nadie parece saber de dónde vinieron los Chica ni los Salas. Nadie recuerda tampoco qué había pasado con el padre de Margarita, un funcionario del Estado que murió antes de la tragedia.

De Margarita se conoce que se mudó a Sincelejo, y que allí ejerció el oficio de modista que le acredita la novela. En Sucre-Sucre nadie niega que Cayetano y Margarita fueran novios. Se cuenta incluso cómo se encontraban en la finca de Cayetano, a medio camino entre la escuela donde trabajaba Margarita y el pueblo. A excepción de los leales sirvientes de los Gentile, la Pi-cho entre ellos, tampoco se desmiente la posibilidad de que hayan tenido relaciones sexuales. No obstante, se habla con normalidad de la «inocencia» de Cayetano, y el trauma de su injusta muerte permanece impreso en las calles, plazas y paredes del recorrido «histórico novelado». Pese a su profunda pesquisa en la historia del crimen, el mismo Isidro afirma no haber leído jamás la entrevista de Blas Piña publicada por *El Espectador* en la que Margarita ofreció su propio testimonio.

La disensión más notable entre la novela de García Márquez y el mosaico cuidadosamente ensamblado por Isidro para el recorrido es la recreación del pueblo como cómplice de la «muerte anunciada». Se trataba, cuenta «el profe», a pesar de las tendencias nacionales, de un pueblo pacífico donde rara vez moría alguien. De ese mismo modo lo recuerda García Márquez en sus memorias. El efecto traumático de ese crimen que los testigos nunca superaron debe explicarse, según Isidro, en la rareza de la ejecución. No obstante, él mismo habría de mostrarme la casa donde murió el hombre cuyo asesinato recrea *La mala hora*, un músico liquidado también por una ofensa contra la hermana del asesino, once años antes de la muerte de Cayetano, y días antes del prematuro nacimiento de Jaime García Márquez en 1940. La memoria oral, y la de García Márquez, registran asimismo un par de duelos entre amigos, inspiración del guion que escribió para la película *Tiempo de morir* (1966), dirigida por Arturo Ripstein. De modo que la fuente más directa de las escasas muertes violentas en el pueblo fueron los «asuntos de honor».

El único otro riesgo ubicuo en aquel pueblo era al parecer el de los pasquines, carteles anónimos en los que se exponía impúdicamente la moral ajena y cuyo objeto preferido eran las relaciones íntimas. Los pasquines eran la punta del iceberg en un contexto de crisis social y política. Cierto es que, como rememoró García Márquez en *Vivir para contarla*, «el manejo del poder» en el pueblo había sido hasta avanzado el siglo «inmediato y absoluto». La condición de servidumbre y dependencia económica de la mayoría de sus habitantes así lo facilitaba. Pero el clima generado por las ideas liberales y las batallas bipartidistas a nivel nacional había puesto ese régimen en duda. Las muy tensas elecciones de 1949 habían resultado en un triunfo del Partido Liberal en Sucre-Sucre, aunque por márgenes estrechos, mucho menores que en la mayoría del Caribe colombiano[1]. El cerco conservador que había garantizado la complacencia del pueblo con los valores tradicionales, incluyendo el tema del matrimonio y la familia, se percibía, con razón, bajo riesgo.

[1] Así lo anunciaba en su portada *El Universal* de Cartagena, bajo el titular «Más de 150.000 votos de mayoría lleva hoy el liberalismo», en su edición del 8 de junio de 1949, que trajo a mi atención la historiadora Muriel Jiménez, especialista en el clima político del departamento de Bolívar en ese entonces.

Desde que empezamos el recorrido, Isidro nos había advertido que existían tres formas de pagar en esa primera mitad del siglo XX el honor robado, cuya ubicación en el cuerpo femenino no es un misterio. El matrimonio y la muerte eran las opciones del pobre. Los ricos, como Cayetano, solían recurrir a una reparación monetaria. Los gamonales de la región compraban la virginidad de las hijas de familias pobres con tierras o reses. De hecho, el pago de una deuda de su padre a uno de esos gamonales fue el origen de la prostitución de la citada Orfelina, alias la Espuelúa, a quien se atribuye la iniciación sexual de García Márquez. El aspecto étnico-racial era otro factor decisivo en el establecimiento del valor de las mujeres en la región. En el caso de Margarita, por ejemplo, su condición de mujer blanca era un puntal para aspirar al matrimonio con Cayetano, pese a que là diferencia de clase entre los Chica y los Gentile parece haber sido significativa.

Cayetano podría haber creído que su estatus le permitía recurrir a la solución del dinero. Así lo sugiere el testimonio del hijo de un pescador, grabado en el documental *Por los caminos de Gabo*, cuyo padre decía haber intentado advertirle, durante su último recorrido por el puerto, que los Chica lo buscaban para vengarse. Cayetano le contestó: «Eso se arregla con plata». El mismo García Márquez registra en sus memorias una reacción similar cuando años antes quiso prevenir al amigo de que su relación con Margarita podía acabar en un pasquín. La respuesta de Cayetano había sido, según Gabo, «su broma favorita»: «Con los ricos no se atreven». Algo de esa actitud queda en Santiago Nasar, cuya prepotencia y mañas de «halconero» son conocidas entre sus vecinos en la novela. El personaje inspirado por la Picho, Divina Flor, a quien Santiago toquetea descaradamente pese a la indignación de su madre, es emblemático de la imposibilidad de las mujeres pobres de evitar la apropiación de su sexualidad por los poderosos patrones. La Picho, cuenta Isidro, desmiente categóricamente los abusos sufridos por su encarnación en la ficción.

De modo que el impacto de la muerte de Cayetano y su catalogación como injusta no tuvo tanto que ver con lo inadmisible de matar a alguien por haberse acostado con una mujer de familia honrada, hecho infrecuente pero «normal», sino con lo absurdo que resultaba para un hombre blanco, rico y poderoso pagar por eso con la muerte. El de La Mojana era un régimen inequívocamente patriarcal. Como revela en el testimonio antes citado Luis Enrique García Márquez, los hombres se consideraban a sí mismos parte de un solo clan en tanto que tuvieran «honor». No obstante, todo el mundo debía saber que ser un hombre rico suponía ser más importante, de modo que el atrevimiento de los hermanos Chica contra Cayetano era inconcebible para la mayoría. De allí a llamar a Cayetano «inocente» de la deshonra hay un salto que aún no me logro explicar.

El caso de la violencia en defensa del honor, contra otros hombres o contra las mujeres, es un clásico ejemplo de la condición expresiva de la violencia machista documentada por la antropóloga argentina Rita Laura Segato, y de los dos ejes de esa violencia. En su eje vertical, se trata de una violencia que ilustra y ratifica sobre sus víctimas directas el privilegio masculino de administrar la sexualidad de las mujeres a su cargo. En el eje horizontal, es la expresión ante otros hombres de la hombría del ejecutor, con el objeto de reclamar o confirmar su membresía en la tribu y, de paso, reiterar el privilegio colectivo de los hombres.

En nuestro desayuno de bienvenida, Isidro me había dado otra clave para entender la paradoja de la violencia en defensa del honor en un pueblo «pacífico»:

—Los zenúes eran muy amorosos. Los mojaneros seguimos siendo así, muy propensos a los abrazos para saludar o romper el hielo. Esa parte nos ha costado mucho con esto de la pandemia. Eso los hizo [a los zenúes] muy vulnerables durante la colonización, porque los españoles lo leyeron como debilidad. Por eso también la crueldad del que quiere demostrar que puede defenderse.

Todos los hombres del pueblo participaban del orden heredado al estatuto feudal y colonial, donde el honor era el premio de consuelo ante la desposesión económica y étnico-racial de un sistema inherentemente desigual. Matar a un hombre cuyo estatus de clase y raza superaba al del ejecutor podía restablecer el orden patriarcal transgredido por Cayetano, pero era a su vez un cuestionamiento gráfico y contundente a la condición de superioridad del rico y blanco que sostenía la jerarquía social. El trauma del pueblo en la novela, y el del Sucre-Sucre real ante el acto de violencia, puede considerarse producto de la incomprensión del mensaje que esa violencia intentaba comunicar, en un contexto donde el privilegio patriarcal y el de la jerarquía de clase solían estar alineados. La muerte de Cayetano coincidió además con la crisis económica que se venía gestando por la inundación de las haciendas y el desvío del comercio fluvial, crisis que conduciría a la decadencia del pueblo.

Margarita Chica se vio atrapada en esa confusión de valores. Y el pueblo todo quedó de algún modo detenido en ese momento porque, aunque en apariencia el orden debía recuperarse tras esa muerte, nunca nada volvió a ser como antes. El atentado contra la jerarquía de clase que supuso la ratificación del privilegio masculino, y sus consecuencias, dejaría a los sucreños sin herramientas para interpretar esa crisis y, por ende, atados a la necesidad de asignar un culpable. Al apuntar a la «responsabilidad colectiva», *Crónica de una muerte anunciada* denunció el rol del código del honor en el sostenimiento de la jerarquía social y su violencia. No obstante, su énfasis en el «amante escondido» de la protagonista sirvió para consagrar la idea de que Margarita había mentido, haciendo de la novia devuelta el objeto final del sacrificio que vendría a expiar la culpa colectiva.

Cuando le cuento a Isidro lo que sé de Margarita, admite sin sorpresa que la culpa se le echó a la mujer. Nadie parece concebir que Víctor, el hermano ejecutor, de quien se dice que era un hombre de «temperamento agrio», podría no haber matado a Cayetano. Tampoco se cuestiona al esposo, aunque, según dicen, no era inusual que el hombre perdonara, en privado, la vida sexual anterior de una mujer a la que amaba.

La teoría de Isidro es que el punto de la novela era, en cualquier caso:

—Un homenaje a la amistad.

—A la amistad entre hombres —agrego yo, y me quedo pensando en la ironía de que todos los implicados eran amigos de Cayetano.

Todavía desde el billar, con Irina, Olga, Blas y el señor Félix, nos reímos de los tiempos en que las mujeres no éramos permitidas en este espacio de fraternidad masculina. Nuestro anfitrión, que no para de servir cerveza fría, nos deleita un rato con historias del pueblo de hoy y sus visitantes. Así nos enteramos del fiasco de un cineasta gringo que se pegó una borrachera proverbial y fue a dar en una gallera donde se quedó dormido y le robaron la cámara. El pueblo en pleno respondió con una búsqueda frenética que acabó con la devolución de la cámara, pues aún en el Sucre de hoy, cierra Félix con una sonrisa, «en este pueblo no hay ladrones».

Una bulla que se filtra desde la plaza nos motiva a salir un rato. «Adiós, morena, alabao sea Dios, adiós mulata, fuego de tambó…». Por un gran altoparlante se oye la voz de Totó la Momposina, oriunda de esta misma depresión geológica, animando la clase semanal de docenas de muchachitos que se reúnen para bailar fandango, cumbia y mapalé. Metida con Olga en la última fila de los aprendices y bailando, me dejo transportar a mi época de colegio en Cartagena. Los chicos reciben con abierta curiosidad nuestra presencia, y se ríen sin burla cuando el profesor corrige mi postura. Me digo a mí misma que este pueblo está más vivo que las fachadas de sus edificios y sus memorias incompletas.

Al regresar al billar, renovada y feliz, le hago a Isidro la pregunta que me acosa:

—¿Qué crees que habría pasado si hubiera sido Margarita, y no Cayetano, la muerta ese día, Isidro?

El profesor me responde con una historia fuera de su repertorio usual, la de una mujer que había ido a una conciliación con su marido al juzgado que hoy queda en la esquina del callejón donde Cayetano fue acuchillado. Al salir a la plaza, el hombre la mató a la vista de todos atacándola con un destornillador. Pasó hace unos cinco años, pero Isidro no recuerda el nombre de la mujer ni qué pasó con el asesino.

El recorrido «histórico novelado» de Sucre-Sucre lleva a su máxima expresión el epígrafe tan citado de las memorias de García Márquez, «la vida no es la que uno vivió sino la que uno recuerda y cómo la recuerda para contarla», excepto que aquí la vida recordada es más como García Márquez la contó que como la gente la vivió. Unos trescientos turistas nacionales e internacionales vienen al año al «país de las aguas», donde los escenarios garciamarquianos son una excusa para enamorarlos del mapa intangible de ríos, canales y taruyas, diseñado por el azar de un movimiento telúrico.

En el curso de mis indagaciones sobre García Márquez he escuchado a otros quejarse por todo lo que el escritor no hizo por sus pueblos, por la riqueza cultural que «se llevó» o por lo poco que le reconoció a la escuela que fue para él la memoria oral del Caribe colombiano. Los mojaneros han optado, en cambio, por apropiarse del rastro de su existencia dejado en la escritura. Cuando Blas Piña interviene para cuestionar esa estrategia, Isidro nos recuerda que la señora que nos cocinó, el hombre del billar, el del restaurante de los bocachicos, la dueña del hotel y el conductor de la canoa que nos llevará en el «recorrido acuacultural» para el que nos prometemos volver son todos beneficiarios de «Macondo-Sucre». Nos habla igualmente de la labor formativa que la Fundación Pata de Agua, la misma que nos acoge, hace en pro de la preservación de las costumbres ancestrales de la gente anfibia.

Aceptar los límites que la ficción pone a la realidad para contarla parece poco a cambio de existir en el universo del más leído fabulador de estas aguas. La próxima parada de este libro, de regreso al camino de lo novelado, recuenta el momento en que la carrera hacia la consagración de ese fabulador se cruzó con el destino de Sucre-Sucre y con el de Margarita Chica.

5. Crónica de una novela anunciada

Muchos de los lectores contemporáneos de *Crónica* nos perdimos la fiesta que fue el boom de la literatura latinoamericana, cuando las novelas de nuestros escritores se anunciaban como si fueran la nueva película en la saga de *La guerra de las galaxias*, cuando las librerías dejaron de ser suficientes y los libros empezaron a venderse en los supermercados, cuando la gente hablaba de la nueva novela de García Márquez, Fuentes o Vargas Llosa, como hoy se habla en Colombia de los próximos partidos de la selección nacional de fútbol. Nos perdimos también la alargada parranda que fue la celebración del galardón más prestigioso recibido por un colombiano, el Premio Nobel de Literatura, otorgado a Gabriel García Márquez en 1982, año y medio después del lanzamiento de *Crónica de una muerte anunciada*.

Tuve la oportunidad de revivir ese jolgorio en el archivo del Harry Ransom Center, en Austin, gracias a una maravillosa colección de *scrapbooks* que registra la recepción mundial del escritor, desde sus tímidas primeras apariciones en periódicos nacionales hasta su triunfo apabullante en decenas de países e idiomas. Las manos silenciosas de Mercedes, y las de la leal secretaria de García Márquez, Margarita Márquez Caballero, se intuyen en el orden y cuidado con el que fueron cortadas y dobladas las páginas acumuladas en veintidós cartapacios de recortes de prensa.

La publicación de *Crónica* emerge como un momento crucial en esa trayectoria. Entrevistas, afiches y anuncios de página completa con el rostro sonriente del autor en plenitud, precedieron el lanzamiento que el diario *El País* titulara «el más importante acontecimiento editorial del mundo hispánico». La publicación de esta novela sería asimismo el gatillo que dispararía la historia de Margarita Chica y sus amores hacia una recepción global y una atención mediática cuyas reverberaciones continúan.

Para aquellos primeros meses de 1981, la coherencia política y estilística del llamado boom había colapsado, pero la revolución del mercado del libro promovida por la legendaria editora catalana Carmen Balcells estaba por llegar a su cumbre. Se lanzaba un 28 de abril, de manera simultánea en Bogotá, Madrid y Buenos Aires, con un tiraje sin precedentes de un millón y medio de copias, la nueva novela del ya más leído de los escritores latinoamericanos. Habían pasado seis años desde su quinta novela, *El otoño del patriarca* (1975), favorita entre los críticos del autor, pero de difícil digestión para el público masivo que había devorado *Cien años de soledad* (1967). García Márquez se jugaba con esta publicación nada menos que el Nobel de Literatura, para el que llevaba varios años sonando. No obstante, la suya era una apuesta de doble filo, pues, como diría él mismo al recibir el premio al año siguiente, las tendencias recientes de la Academia delataban una preferencia por consagrar escritores olvidados.

—La promoción de la novela fue bestial —me cuenta mi amiga Elvira Sánchez Blake, quien en aquel entonces iniciaba su carrera como periodista en Bogotá—. El libro lo vendían en los semáforos; uno paraba en el carro y te lo ofrecían. Se conseguía en el almacén el Ley, donde antes encontrabas los cómics, la *Cromos* y la *Mecánica Popular*, pero no libros. Ayudaba también que era una novela que se leía de un día para otro. Yo recuerdo a mis compañeros leyéndola en la oficina.

Ni siquiera el papá de Elvira, que no quería a García Márquez porque «era un comunista irredento amigo de Fidel Castro», pudo resistirse a la novedad. «Es que estoy leyendo para saber qué dice», se excusó cuando la hija lo encontró con el libro en la mano.

Otros factores menos comerciales favorecieron la campaña publicitaria de la que, según el biógrafo de García Márquez, Gerald Martin, fue la obra «cuya primera edición vendió más ejemplares que cualquier otra novela en la historia». En Colombia, el primero de esos factores fue la represión violenta del gobierno de Julio César Turbay Ayala y el exilio al que había forzado al escritor tras descubrir que se planeaba un arresto en su contra. García Márquez había dejado el país en el mes de marzo del 81.

—Turbay lo negó, aunque era verdad —recuerda Elvira—. La gente quería mucho a García Márquez y todo el mundo lo defendió. Fue entonces cuando dijo esa frase tan contundente: «Yo sé que la historia me va a recordar más a mí que a Turbay».

En Latinoamérica, un público expectante ansiaba además comprobar si había valido la pena que el escritor rompiera su palabra, pues había prometido que no publicaría más novelas hasta que cayeran las dictaduras en el continente. La espera era evidentemente insostenible.

La venta de treinta y cinco mil ejemplares del libro durante las primeras veinticuatro horas solo en España vendría a confirmar lo que *El País* denominó la «crónica de un éxito anunciado». La extensísima impresión se agotó tan rápido que, durante su primer año en el mercado, se imprimieron dos ediciones adicionales en Colombia y tres más en la península ibérica. Salió igualmente la edición de Casa de las Américas en La Habana y la de

Nicaragua Libre en Managua. La descomunal acogida de la novela se sostuvo en las décadas siguientes, con curiosas variaciones de país a país. En los primeros cinco años de su existencia, la editorial catalana Bruguera publicó dieciséis ediciones del libro. Para 1989, en Colombia se habían hecho seis —sin contar las ediciones piratas de las que García Márquez ha sido blanco por excelencia— e iban ocho ediciones en Buenos Aires, número que se duplicó entre 1990 y 1991. En España, donde la novela pasó de Bruguera a Seix Barral y luego a Mondadori en el curso de siete años, se habían publicado treinta y cinco ediciones del libro hasta 1993. Para el primer año de nuestro siglo, solo la editorial Sudamericana en Argentina llevaba setenta y siete ediciones. También en 2001, el periódico *El Mundo* de España incluyó el libro entre «las cien mejores novelas escritas en castellano en el siglo xx», al lado de *Cien años de soledad* y de *El coronel no tiene quien le escriba* (1962), esa otra gran novela corta de García Márquez que, al igual que *Crónica*, se sigue leyendo como libro de texto en las escuelas, colegios, liceos y prepas a todo lo ancho de Iberoamérica. Según he sabido por mis propios estudiantes, *Crónica* es también favorita entre los profesores de español en las *high schools* de los Estados Unidos.

El fenómeno no fue exclusivo del mundo de habla hispana. En el mismo año de su lanzamiento, se publicaron traducciones de *Crónica* a idiomas como el checo, el alemán y el italiano. Solo en Grecia hubo tres ediciones, de dos traductores distintos, entre 1981 y 1982. En la siguiente década se harían docenas de traducciones adicionales. Notables son asimismo la edición en braille publicada en 1992 por Ballantine Books en los Estados Unidos, con base en la traducción al inglés, y en 1993 por la editorial Norma para los hispanohablantes. La recepción transnacional de la novela ha sido objeto de múltiples artículos, que cubren su resonancia en el continente africano, China o Japón. Heba El Attar documenta, por ejemplo, la popularidad de *Crónica* en el Medio Oriente, donde según el escritor tunecino Kamal Riahi, la muerte del escritor colombiano fue más lamentada que la del egipcio Naguib Mahfuz, el único Premio Nobel de Literatura de la región hasta esa fecha.

Las primeras reseñas aplaudieron el giro estilístico que García Márquez evidenciaba en el libro, cuyo éxito se debe parcialmente a la legibilidad de su lenguaje y a su narración directa, despojada tanto del trasfondo mítico y los trucos mágicos de *Cien años de soledad* como del malabarismo estético de *El otoño del patriarca*. La novela era como un nuevo principio, el del escritor más claramente realista, y el del fabulador del amor, el tema principal de sus novelas posteriores.

—Era una historia como de telenovela, con lo del amante secreto —me sigue comentando Elvira—. Como esas novelas de Corín Tellado que mi mamá nunca me dejó leer cuando era adolescente, pero que yo iba donde la empleada de la casa y ella me sobornaba para prestármelas.

—¿Y por qué no te las dejaba leer?

—Mi mamá se preocupaba porque yo leía mucho, porque la virtud se podía perder por lo que uno leyera. En esa época la virtud era todavía un «valor» de suma importancia, no solo para la mujer, sino para la familia. Y mi mamá era de las que decían que «más vale una ignorante en el cielo que una sabia en el infierno».

Su padre, el anticomunista, era lo contrario.

—Me compraba los libros y era feliz con que yo hiciera arte y escribiera.

Al año siguiente del sonado lanzamiento de *Crónica*, en octubre de 1982, García Márquez recibió el anhelado anuncio de que la Academia Sueca había decidido otorgarle su máximo galardón. Además de su consagración ante el mundo, la novela y el premio vendrían a asegurar una conquista pendiente para el escritor. Pues si bien era ya el afamado autor de otro *bestseller* global, *Cien años de soledad*, su recepción al Norte de su propio continente continuaba siendo tibia. Una semana antes de la publicación de *Crónica*, quizás previendo la pérdida de un jugoso contrato, su editor en los Estados Unidos, Cass Canfield, escribió una carta a García Márquez en la que le explicaba sus dificultades con la comercialización de sus libros. Canfield argumentaba que, si bien su obra era precursora en la apertura de los lectores estadounidenses a la literatura latinoamericana, no había sido fácil derrotar la renuencia de ese público a leer en traducción y considerar autores cuyo origen no era europeo. Canfield no pudo convencerlo, ni a su agente. El nuevo contrato para la distribución de sus libros en los Estados Unidos terminó en manos de la editorial de Alfred A. Knopf, que al parecer optó por una estrategia de mercadeo más agresiva. La traducción al inglés de *Crónica de una muerte anunciada* de Gregory Rabassa, acompañada de ilustraciones originales de Fernando Botero, fue la primicia del relanzamiento de la revista *Vanity Fair* en marzo de 1983.

La noticia del Premio Nobel catapultó asimismo el fervor por la personalidad de García Márquez, que persiste en la Colombia de hoy. Los ecos de esa otra fiesta me llegarían también en diferido. Crecí viendo cada tanto en la televisión las imágenes del escritor feliz en su liqui-liqui, el traje típico caribeño con el que asistió a la ceremonia de premiación. Recuerdo haber escuchado más de una vez la anécdota del grupo vallenato que llevó a la celebración, para orgullo de los «costeños», que jamás se habían sentido tan dignamente representados, y para escándalo de los colombianos del sector andino que desdeñaban la cultura del

Caribe. Todavía me sonrío imaginando la alegría de la reina de Suecia, de quien decían que se emocionó tanto con la música que solo le faltó pararse a bailar. En muchos de mis cursos he incluido, además, ese cuadro extraordinariamente lúcido de nuestra historia que es el discurso de recepción del premio de García Márquez: «La soledad de América Latina». Pero no entendí la dimensión real de ese evento hasta la última semana de mi estadía en el archivo de Austin, al leer la correspondencia con la que el mundo felicitó al escritor.

El momento más conmovedor de mi residencia en el Harry Ransom Center, lo viví ya no entre las palabras del autor, sino entre los cientos de voces que se aglomeran en las cartas de sus lectores: gente común, geográficamente cercanos o distantes que, década a década, siguieron viviendo con cada nuevo libro, en cada nuevo idioma, la experiencia de reconocerse a sí mismos entre las páginas del colombiano.

Un número prominente de esas cartas recrea la alegría colectiva ante la recepción del premio de la Academia Sueca. A los aplausos burocráticos de embajadores y presidentes se unen notas de estudiantes y maestros, como los niños de un orfanato en Cali que le dibujaron tarjetas. En la caligrafía torpe de un puño joven se lee en una de ellas: «Sabemos que tuviste que irte del país por decir algunas verdades. Por qué no dices algunas mentiras para que puedas volver, porque yo tengo muchas ganas de conocerte». Al coro se suman, reclamando el triunfo como suyo, las uniones de escritores cubanos, alemanes, yugoslavos, brasileros, emocionados por «sua victoria. Que é a vitória da Justiça e da Beleza» o felicitándolo «en su condición de escritor y de pionero de libertades democráticas». No faltan tampoco los obreros, desde los empleados de una fábrica de ladrillos que aprovechan una ausencia de su patrón para escribirle, hasta un hombre que se describe a sí mismo como un «ciudadano colombiano, que le encanta la lectura y posee una pequeña biblioteca personal… y además vende frutas y legumbres en la plaza de mercado del barrio Belén».

Fue leyendo esas cartas como vine a entender que lo que se celebraba en esa fiesta era el triunfo de un hombre «como uno», un escritor «del pueblo» que, como él mismo decía con orgullo, podía ser disfrutado por un taxista, y aun ser premiado por la academia de la literatura. Sin duda, la aparente sencillez de *Crónica de una muerte anunciada*, y el fenómeno de masas en que se convirtió, fueron cruciales en hacerlo ese escritor accesible para el ciudadano común que continúa, cuatro décadas después, validando su manera de ver el mundo en el espejo que nos legó el autor.

Las palabras de un lector argentino que escribió para pedirle pronunciarse sobre los desaparecidos de la dictadura militar resumen la admiración genuina que inspiraban, y que aún inspiran, la palabra y la personalidad de García Márquez. El argentino cerraba su carta catalogándolo como «un gran tipo», y aclarando que «es importante ser Premio Nobel de Literatura, pero mucho más importante es ser Gabriel García Márquez».

De vuelta a ese abril del 81, a pesar de su éxito de mercado, la recepción inmediata de *Crónica de una muerte anunciada* fue controvertida. En Colombia, donde los reportajes del escritor se recibían con entusiasmo comparable a sus obras de ficción, el debate se centró en los aspectos tomados por el escritor del episodio real, constatados al día siguiente del lanzamiento de la novela por un artículo en el número inaugural de la revista *Magazín al día*. En el reportaje, titulado «García Márquez lo vio morir», se recogían los testimonios de los habitantes de Sucre-Sucre. Así fueron reveladas las circunstancias reales de la muerte de Cayetano Gentile a manos de los hermanos Víctor y José Joaquín Chica Salas, tras la devolución de su hermana Margarita por Miguel Reyes Palencia.

El reportaje contaba con fotos de los implicados, un diagrama de la plaza de los eventos y una tabla en la que se establecían los paralelos entre los personajes ficticios y los reales. No obstante, los reporteros se habían tomado importantes licencias literarias, como se aprecia desde el título mismo, pues García Márquez no estaba con su familia cuando ocurrió el crimen. El reportaje carecía de las declaraciones de los sobrevivientes, los esposos Margarita y Miguel, o de los presuntos autores del crimen. Peor aún, omitía la existencia de una relación entre Margarita y Cayetano, hecho bien conocido por los habitantes del pueblo. Anotaciones de puño y letra del escritor que se leen en la copia de García Márquez de ese artículo en el archivo de Austin registran, con asteriscos al margen de párrafos específicos, cómo el texto delataba ya «la influencia de la novela».

García Márquez mismo le había regalado la primicia a la directora de *Magazín al día*, María Elvira Mendoza. En una carta del 11 de mayo que reposa entre la correspondencia del autor en Austin, la directora le agradecía a su amigo la recomendación de los dos periodistas a cargo del reportaje, Julio Roca y Camilo Calderón. «Tu "tema", como habrás sabido, ha resultado más candente de lo que esperaba», continuaba diciendo, y pasaba a solicitar su ayuda con los procesos judiciales iniciados contra la revista por Miguel Reyes Palencia, el esposo en el drama original, y José Joaquín Chica Salas, uno de los hermanos vengadores.

Lejos de elucidar los límites entre realidad y ficción, aquel relato periodístico, reproducido por la prensa internacional y citado por variedad de críticos, contribuyó a su confusión. «Gabo lo vio morir» fue además el primero de una extensa serie de reportajes en prensa y televisión que, a lo largo de cuatro décadas, les han sacado jugo a los eventos y personas que inspiraron *Crónica de una muerte anunciada*. Nueve días después de ese artículo, el respetado periodista Juan Gossaín publicó en el diario *El Espectador* su propio acercamiento a «La realidad de la muerte anunciada.» El 12 de mayo, *Magazín al día* sacó además una entrevista a Miguel Reyes Palencia, igualmente a cargo de Julio Roca, gráficamente titulada «Sí, la devolví la noche de bodas». Aquella fue el comienzo también de la cadena de declaraciones del esposo que se difundirían a lo largo de su extensa vida y aún después de su muerte. El 17 de mayo, *El Espectador* imprimió asimismo la primera de cuatro entregas de la única entrevista otorgada por Margarita Chica, a cargo de Blas Piña Salcedo.

Contaba Luis Enrique García Márquez a Juan Gossaín que la novela era tan distinta de lo real que «yo, que soy protagonista, he necesitado siete relecturas para descubrir apenas una parte. Pero del episodio real no queda casi nada en la novela». Mejor así, continuaba el hermano, porque los hechos reales merecían haberse quedado enterrados. El segundo de los hermanos García Márquez se refería con preocupación a la espiral de declaraciones que se había desatado desde la revelación de los eventos y protagonistas originales. Citaba como ejemplo el consejo de ponerle mercurio cromo a la sábana en la noche de bodas que, según *Magazín al día*, los sucreños acreditaban a las hermanas de Margarita. Por aquel entonces, Ermelina y Adela Chica eran «¡[…] unas niñas que si acaso tendrían ocho o diez años! […] Todo esto es absurdo. Esta es la novela de la novela. Si no hubiera un muerto de por medio, y dos familias metidas en la mitad, yo me moriría de la risa». Ni Luis Enrique ni ninguno de los implicados podía imaginar aún cuánto brío tomaría esa otra novela.

El artículo de Gossaín desenterraba también al defensor de los Chica, Roque Pupo Villa, el penalista más famoso del Caribe colombiano en su época, cuya hija Yolanda había ayudado a García Márquez a reconstruir el episodio verdadero. Pupo aclaraba el tema de la autoría del crimen, ejecutado solo por Víctor Chica, pues su hermano José Joaquín había sido detenido por un agente de la ley mientras corría hacia la escena. Luis Enrique confirmaba esa versión.

La respuesta de Gabo ante la confusión desatada por los préstamos de su novela al crimen de Sucre-Sucre no se hizo esperar. En una entrevista dada días después de la publicación de la novela al periodista de *El País* Jesús Ceberio, García Márquez elogió el «excelente trabajo periodístico» de *Magazín al día*, declaró *Crónica* «mi mejor novela» y aclaró que la suya era una «transposición poética de los eventos reales». Era, por cierto, superior al «drama» contado a los reporteros por los testigos entrevistados: «El punto de partida es el mismo, pero la evolución es diferente. Tengo la pretensión de que el drama de mi libro es mejor, está más controlado, más estructurado».

Los críticos se unieron al coro para consagrar a *Crónica de una muerte anunciada* no solo como una obra de ficción sino como una obra maestra. No obstante, el equívoco en torno a los límites entre la ficción y lo real persistió, afectando en particular a los sobrevivientes de la tragedia original, que tuvieron que vivir con las consecuencias no solo de la publicación de la novela sino de la exposición pública de sus identidades. Así lo registraron en las sendas demandas que interpusieron los protagonistas de la «historia secreta del amor terrible»: Margarita Chica contra *Magazín al día* y Miguel Reyes Palencia contra los hermanos Gabriel y Eligio García Márquez.

6. La novela de la novela

La demanda de Margarita Chica por «calumnia e injuria indirecta» contra la revista *Magazín al día* llegó a mí en la última parada de mi viaje a Colombia en el 2021, de las manos de su apoderado, Iván Acuña Arrieta. A mi llegada a su oficina en el norte de Bogotá, me encontré con un hombre en un traje azul de impecable elegancia, de fisionomía y tez indígenas como la de los descendientes de los zenúes que había visto en el departamento de Sucre, amable y modesto en su estatura y sus gestos, en contraste con la solemnidad del despacho que lleva su nombre. Tras excusarse por la espera que anticipaba para atenderme, hizo que me trajeran almojábanas y chocolate caliente, que degusté sin prisa, porque aún no terminaba de digerir el desayuno.

Iván Acuña me contó que tenía apenas veintitrés años cuando llevó el caso de Margarita Chica Salas, a quien conoció recién graduado en Sincelejo por un amigo en común. No le habría notado la inexperiencia en la redacción de la demanda, plena de argumentos contundentes y afirmaciones tajantes, tan propias del lenguaje del derecho. El fajo de papeles incompleto, rescatado de la amenaza de las polillas en los juzgados de Sincelejo, solo había sido compartido una vez, con Leonel Fernández, antiguo presidente de la República Dominicana. Blas Piña me había contado que ese otro abogado planeaba escribir un libro sobre las connotaciones jurídicas de la historia de *Crónica*. Sigo sin conocer el origen ni el derrotero de ese interés.

Entre los papeles de la demanda descansa el interrogatorio preparado por el juez primero penal del Circuito de Sincelejo, dirigido a la directora y los periodistas de *Magazín al día*. En el cuestionario, el juez indagaba sobre el origen de la idea y el título del primer artículo de la revista: «Gabo lo vio morir». Sondeaba igualmente las bases de las injurias en cuestión, con énfasis en las afirmaciones en torno al presunto amante secreto de Margarita, y sobre la familia Chica: que la madre había instigado el crimen, que las hermanas le habían dicho a Margarita que fingiera la virginidad, que los hermanos se habían jugado con una moneda quién mataría a Cayetano. Al juez parecían intrigarle también los detalles sobre la noche de bodas, ilustrados por el segundo artículo de *Magazín al día*, la entrevista de Julio Roca al esposo, Miguel Reyes Palencia.

En su declaración juramentada, el periodista Camilo Calderón respondió insistiendo en que todas las afirmaciones del primer artículo estaban sustentadas en los testimonios de los sucreños. No obstante, al menos dos de las injurias indirectas aludidas por la demanda habrían requerido de la participación de los autores, quienes habían dado nombre al reportaje, al igual que elegido y organizado los testimonios incluidos. El artículo replicaba las alteraciones más decisivas de los hechos por la novela de García Márquez, empezando por la farsa del «narrador testigo» implícita en su título, que Calderón justificó vagamente en su declaración como un recurso retórico. De mayor peso sobre la reputación de la demandante era una segunda inconsistencia. Como la novela, el artículo de Roca y Calderón omitía la relación entre Cayetano y Margarita, insistiendo en la carencia de bases para acusar de la desfloración al muerto. A pesar de tratarse de un hecho de dominio público en Sucre-Sucre, la intimidad entre la novia y Cayetano apenas se insinuaba en el reportaje: «Nadie asegura, sin embargo, que [Cayetano] no hubiera mantenido relaciones con Margarita Chica, la novia devuelta que sería la causa de su muerte». La frase era tan imprecisa que le había valido una acotación a García Márquez en su copia personal del artículo: «Error, eran novios».

No se trataba de una omisión inocente, como se aprecia en los cabos sueltos que deja el reportaje. Al menos uno de los testimonios transcritos sugiere que la testigo citada conocía la relación anterior, y que su sorpresa ante la muerte de Cayetano venía no tanto de la improbabilidad de la acusación como del silencio que hasta su boda mantuvo Margarita. Esther Salazar declaraba su confusión ante el hecho de que Margarita hubiera optado por casarse con Miguel cuando pudo haberse casado con Cayetano, quien era mucho mejor partido: «Es una verdadera confusión, dice, que esa señorita, que llevaba mejores garantías casándose con Cayetano, habiéndole sucedido eso, se lo callara y se casara con otro, mintiendo acerca de su estado. Porque la mamá de Cayetano la adoraba y los Gentile eran gente riquísima».

El artículo concluía haciendo énfasis en que el misterio del verdadero amante seguía sin resolverse, y acreditándole a la voz en segundo plano de la joven sobrina de una de las entrevistadas la última palabra sobre el asunto: «Fue un Lizarazo, de Guaranda».

Una lectura entre líneas revela, asimismo, ya no solo que los periodistas habían leído el manuscrito de *Crónica*, sino que para ese mes de marzo en que fueron entrevistados, los testigos sabían también de las invenciones del escritor en la novela que aún no se había publicado. Elvira Salazar afirmaba de la adicción atribuida a la madre del muerto: «¿De dónde saca Gabito que [Julieta] tomara semillas de cardamina? ¿Cardamina? Nunca había oído esa palabra, tendría que ir a ver el diccionario para saber qué quiso decir Gabito con eso».

La fidelidad de los periodistas a la versión novelada de los hechos se establecía explícitamente en una sección final subtitulada «La novela». En ella, los redactores sembraban la profecía que ellos mismos ayudarían a cumplir:

> Deberán tener en cuenta que *Crónica de una muerte anunciada* es un relato que reconstruye esos mismos acontecimientos para planteárselos de nuevo frente a personas que aún viven, con el convencimiento absoluto de haber dicho estrictamente la verdad, pero con la no menos absoluta certeza de haberlos reordenado de tal modo que de ahora en adelante la verdad pasará a convertirse en el relato de García Márquez y ya nadie, ni siquiera en Sucre, quedará en libertad de recordarlos sino como él los cuenta.

La declaración jurada de Camilo Calderón ante el juez cerraba subrayando el indiscutible propósito de la revista:

> Quiero insistir [en] que se trata de un trabajo con fines puramente literarios, se trataba de una investigación sobre una novela de uno de los más importantes autores nacionales, es más bien un tema general [don]de las personas solo interesaban en cuanto inspiraban el libro de García Márquez.

En cuanto a la pregunta por la revelación de los nombres reales, entre otros detalles de la vida de Margarita, Calderón la acusaba de haberlos relatado en su entrevista a *El Espectador,* posterior a la publicación de *Magazín al día,* y en una declaración televisada. De aquella supuesta aparición de Margarita en televisión, cuya fuente parece haber sido un comentario de Miguel

Reyes en su entrevista con Julio Roca, no he podido hallar ninguna huella. Ni Blas Piña ni el abogado, quienes acompañaron las dos declaraciones públicas de Margarita en aquella época, conocen de su existencia.

La otra historia de la demanda fallida de Margarita Chica puede deducirse mirando el calendario. Las cartas al juez de Iván Acuña, quien tuvo que insistir repetidamente para que se entrevistara a los sindicados, atestiguan su creciente frustración ante la dilatación e inminente deslegitimación del caso. Aunque la demanda se había interpuesto en el mismo mes de 1981 en que se publicaron *Crónica* y los artículos, declaraciones clave, como la de María Elvira Mendoza, directora de *Magazín al día*, datan de finales de 1982.

Cuando Gabriel García Márquez compareció a declarar ante el consulado colombiano en México, el 28 de marzo de 1983, ya era Premio Nobel de Literatura. Supongo que podía darse el lujo de la brevedad. Sobre su relación con Margarita, dijo que «Nos conocimos de niños porque era un pueblo muy pequeño, la familia de ellos y la mía se hicieron muy amigas y ese es el único vínculo que nos une». De Cayetano, que «lo conocí en el mismo lugar y en las mismas circunstancias que a los hermanos Chica, fuimos muy amigos pero no presencié la circunstancia de su muerte porque yo no estaba en el pueblo cuando esta ocurrió». Sobre los periodistas se limitó a decir que «Sí, los conozco muy bien». Y:

En cuanto al hecho de que la revista *Al día* conoció el ejemplar del libro antes de que este se diera a la publicación contesto que efectivamente fue así porque es de uso corriente que las casas editoras envíen a los periódicos con fines de publicidad copias de los libros que editan con varios días de anticipación.

De haber estado yo allí, lo mínimo que le habría preguntado es cómo podía la editorial haber enviado ese manuscrito a un medio que no existía, que nació un día después de la publicación de su novela. Pero claro, quién a esas alturas iba a refutar su versión de los hechos, los de su vida o los de la ficción. Y para qué, si después de todo quien demandaba era una mujer deshonrada y con fama de embustera.

El doctor Iván Acuña se lamenta aún de su falta de recursos cuando llevó el caso.

—Si hubiera sido la Colombia de hoy, después de la Constitución del 91, esa demanda hubiera prosperado, pero en aquel entonces no había realmente defensa del derecho a la intimidad. El delito de calumnia por injuria indirecta, en este caso por haber reproducido información relacionada con la vida sexual de una mujer, estaba contemplado por el Código Penal, pero el dolo era muy difícil de probar. «No hubo sino el interés periodístico», por esa vía se salió el juez. Yo tengo claro que aquí hubo una violación de derechos, independientemente de que constituyera un delito. Pero antes de la Constitución del 91 esos derechos no estaban consagrados como derechos fundamentales. Hoy habría pedido una reclamación por los daños morales y por la responsabilidad patrimonial por el uso de la historia.

Iván se desvía un rato por su interpretación de la novela, que él considera un texto valioso por su carácter anticlerical. Aprovechando una pausa, lo aterrizo nuevamente en la demanda:

—¿Ustedes sabían que García Márquez le había entregado la primicia a María Elvira Mendoza?

—Yo no demandé a García Márquez porque no podíamos probar su participación, aunque era obvio que le había dado la historia a la hermana de su gran amigo, Plinio Apuleyo Mendoza, para el lanzamiento de su revista.

Tras contarle sobre las pruebas de ese hecho halladas en el archivo personal del escritor, me parece justo hacer de abogada del diablo. Es posible que García Márquez hubiera entregado la historia a los periodistas creyendo que iban a decir la verdad. Según contó en su entrevista con Blas Piña, también Margarita conservó esa esperanza al enterarse de la visita de los reporteros a Sucre-Sucre por una amiga que fue a Sincelejo expresamente para advertirle: «Margarita, mira, te van a destruir».

—Quizás García Márquez estaba tratando de que los periodistas iluminaran lo que él había cambiado, que «corrigieran» la ficción —le planteo al abogado.

Tras contemplar por unos segundos mi argumento, Iván replica:

—Todo tuvo una razón de ser y eso es lo que vale la pena destacar. Fue el interés económico. Todo el valor [literario] que pudo contener la novela en sí misma se perdió cuando él decidió sacarle provecho a la historia sin respeto por esa mujer. El libro se podía defender solo, ¿por qué tenía que entregar además esa historia?, ¿por qué meterse con esa mujer y su familia? Todo este escándalo le sirvió para vender más libros. Como yo le decía a Margarita: «Contigo ha hecho dinero todo el mundo. García Márquez, la editorial Oveja Negra y la revista *Al día*».

Al escucharlo, no puedo evitar sentir que las acciones del escritor revelan, si no algo más, por lo menos cierto desdén hacia la humanidad de Margarita. A juzgar por la «bestial» campaña del lanzamiento, el escritor podría haber hecho lo que quería tanto literaria como comercialmente con el libro sin destruir la reputación de esa mujer. Pero eligió revelar su nombre.

Poco antes de despedirnos le pregunto a Iván por el rumor sobre el retorno de Margarita y Miguel, sin saber aún que en el folio recién compartido de la demanda descansa la confirmación de ese rumor, en palabras de la misma Margarita. Iván me contesta con visible disgusto:

—Miguel Reyes era un hombre que no tenía tampoco escrúpulos de ninguna clase. Un hombre áspero, tosco, inhumano. Margarita misma me decía que él venía y se quedaba con ella hasta por diez días, y luego la dejaba de nuevo. La aprovechaba sexualmente, llegaba allá y la usaba sexualmente.

Iván se despide augurándome suerte con mi libro, con la esperanza quizás de que aún pueda hacerse la justicia que él no pudo conseguir para Margarita.

La segunda demanda contra la revista *Magazín al día* fue neutralizada por la entrevista exclusiva comprada al esposo, Miguel Reyes Palencia, publicada once días después de su primer artículo sobre la novela. Años más tarde, Reyes Palencia se decidió a demandar en cambio al escritor y a su hermano menor, Eligio García Márquez, autor de *La tercera muerte de Santiago Nasar*, libro sobre la filmación de la película basada en *Crónica de una muerte anunciada*. Reyes Palencia requería parte de las regalías de sus libros, alegando derechos de autor. Exigía igualmente reparación por los «perjuicios morales causados por la divulgación de su vida íntima y la violación de su derecho a la intimidad». Entre las consecuencias aludidas en la demanda contaba la pérdida de su membresía en un club social barranquillero, cuando la novela y su secuela revelaron que su mujer, la señora Enriqueta Obregón, no era legalmente su esposa.

En una sentencia de 2011, treinta años después de la publicación de *Crónica* y tres años antes de la muerte del escritor, el sistema judicial colombiano intentó cerrar la cuestión fallando la demanda a favor de los García Márquez. Fue así como el Estado colombiano terminó constatando la condición de ficción de *Crónica de una muerte anunciada* en una sentencia afín a la crítica literaria. Elementos estilísticos distintivos del «realismo mágico» de García Márquez se citan como pruebas de su autoría exclusiva, certificando en últimas que los derechos sobre la historia no eran de propiedad de quien la vivió, sino de quien la contó. En cuanto a los «daños y perjuicios», la sentencia establece que fue el mismo Miguel quien se expuso al escarnio público al constatar en su entrevista para *Magazín al día* detalles de su participación excluidos por la novela de García Márquez.

En la entrevista, realizada por Julio Roca, Miguel se declaraba engañado, aunque admitía conocer el rumor sobre Margarita y Cayetano, amigo de parrandas con quien había compartido apartamento durante sus estudios en Bogotá. Alegaba asimismo haberse casado bajo la presión de los hermanos Chica, y haberle dado una golpiza y puesto un cuchillo en la mano a Margarita para que se matara. Pues, según el esposo, era ella, y no Cayetano, quien merecía morir ese día. Aquel era apenas el comienzo de la «crónica del novio defraudado», que tuvo su saga en unas memorias publicadas por Reyes Palencia y en una serie de reportajes televisivos. Hasta poco antes de su muerte en el 2017, a los noventa y cinco años, el esposo se deleitó en posar como personaje y hasta como amigo de García Márquez. Los medios no perdieron tampoco la oportunidad de explotar la versión de los hechos que Miguel ayudó a consolidar.

Las acciones de esa otra «crónica» son difíciles de discernir entre la maraña de contradicciones que caracterizan sus múltiples iteraciones, pero sus préstamos al esquema y escenas de la novela de García Márquez son evidentes desde su primera versión. En la entrevista para *Magazín al día,* Miguel empezaba por corregir información sobre sus orígenes, presentándose como un nieto de ganaderos e hijo de un abogado y jefe político de la región. Un héroe plausible, como Bayardo San Román, y tan buen partido, insistía, como Cayetano. Contaba después la historia de sus amores con Margarita, afirmando haberse casado con ella porque era una mujer «virtuosa, bonita y estimada por el pueblo, una muchacha admirada». Durante la fiesta del matrimonio, decía, «se me empezó a dar trago», adhiriéndose a la teoría de la ficción de que existía un plan para engañarlo, aunque ante la pregunta del periodista por quién lo había emborrachado no era capaz de precisarlo. En declaraciones posteriores llegaría a afirmar que Margarita había usado su embriaguez para fingir que ya habían tenido sexo y negarse a consumar la relación, de manera que él tuvo que obligarla. La descripción de la reacción de Margarita en la noche de bodas, y del retorno de la novia a la familia, era también una adaptación del relato de García Márquez:

A pesar de la oscuridad, observé que Margarita lloraba, que sus lágrimas rodaban y no alcanzaba a hablar. Estaba totalmente transformada. No era una mujer, era un ente. Pero la levanté a bofetadas tratando de hacerla hablar y diciéndole: ¡hable, hable o la mato! [...] Le pregunté: ¡quién fue! Me dijo: Cayetano. Me incorporé inmediatamente de la cama, busqué mi vestido, tiré a Margarita contra la pared, maldiciéndola mil veces y le arrojé su vestido para que se cubriera. Medio vestida, la cogí por el pelo y la llevé hasta su mamá: aquí tiene a esta mujer. Me acabo de casar con ella, pero me ha engañado. Aquí la tiene.

El actor había hecho una modificación importante del guion al asumir la autoría sobre los golpes que el escritor le acreditó a la madre de Ángela Vicario. Cuando el periodista indagó qué habría hecho Miguel si Margarita se hubiera sincerado con él antes de la boda, Miguel afirmó que quizás la habría matado. O a Cayetano. La entrevista cerraba refutando la condición de víctima de la novia devuelta: «La reclusión de Margarita en una casa sin puerta la ha obligado a sentirse la mártir de esta tragedia. Yo le he dicho que se levante de ahí, que los mártires somos nosotros. Que yo soy el mártir».

El relato de la violencia verbal y física supuestamente ejercida contra Margarita esa noche creció exponencialmente con el tiempo. No contento con la humillación de la noche de bodas, Miguel empezaría además a contar sus historias de amor anteriores a su esposa, argumentando que en realidad no la amaba cuando se casó con ella. Desde el principio admitía tener dos hijos con Enriqueta Obregón, con quien acabaría por casarse en Costa Rica y concebir muchos más. Más tarde, Miguel encarnó también el popular drama de los «amores contrariados», introduciendo a Nacha Velilla, una mujer anterior a Enriqueta y a Margarita, como su primer y único verdadero amor.

Otro aspecto de la trama amplificado con el tiempo fue la afirmación de que se había casado forzado por las amenazas de los hermanos Chica. En la versión de *Magazín al día* decía que, cerca de la fecha de la boda, Margarita había intentado disolver el matrimonio, y él había aceptado, pero los cuñados lo obligaron a casarse. Después pasaría a ser él quien rompiera con ella y Margarita quien manipulara a los hermanos diciéndoles que Miguel la había embarazado. Cuando regresó a Sucre-Sucre, para ese último reportaje que comentó conmigo el profesor Isidro Álvarez, Miguel había asumido por completo su rol de víctima de los Chica. Decía no haber visto a los hermanos cuando la devolvió, pues unos vecinos lo habían escondido para que no fuera el objeto de su furia, y haber tenido que dejar el pueblo escoltado para que los vecinos no vengaran contra él la muerte de Cayetano. Otros detalles escabrosos adornaban sus múltiples versiones, como que la madre de Margarita sabía del estado de su hija y la había obligado a mentir, e instado después a los hijos a cobrar la deshonra con sangre. Era ella, según lo filmado en *Así fue el retorno de Bayardo San Román*, la verdadera culpable de la tragedia.

Las mayores inconsistencias en las declaraciones del esposo emergen en su recuento del retorno con Margarita. En la entrevista para *Magazín al día* decía que un año después de la separación él la había buscado para pedirle anular el matrimonio, y que ella había accedido, aunque más tarde la acusaba de negarle el divorcio. El otro encuentro había sido poco antes de la publicación de la novela, cuando Margarita, según Miguel, lo había buscado para pedirle dinero.

El relato de los reencuentros sexuales aparecería más tarde, con notorias ambigüedades. Hasta los mismos periodistas ayudaron a Miguel a cubrir la «infidelidad» implícita en su amorío con Margarita, sugiriendo que esos encuentros habían pasado después de la muerte de Enriqueta Obregón. En un reportaje para «La otra opinión» del canal Telecaribe, Miguel aclaró la cronología:

Bueno, aquí viene la parte triste, porque yo sí me vi con Margarita. Porque después del matrimonio ella me llamó un día [...] en mi reacción de hombre [al día siguiente] la llamé, fuimos al Rodadero, regresé a mi casa [...]. Antes de enfermarse [Margarita] nos encontramos otra vez. Cuando [Enriqueta] murió, [Margarita] vino a darme el pésame y me contó toda la verdad [sobre Cayetano]. Pero ya no quise volver con ella.

Miguel continuaba diciendo que cuando él vivía en Nueva York, Margarita lo había vuelto a llamar para pedirle dinero:

«Tengo hambre, me dijo». A su regreso de los Estados Unidos la encontró muerta y le mandó una gran corona de flores. En ese mismo reportaje, Miguel hablaba también de haber tomado y celebrado con su amigo Gabo durante la fiesta descomunal de su boda con Margarita, a la que García Márquez no asistió.

El único hecho consistente desde el principio hasta el final de la novela de Miguel fue el orgullo que sentía por haber devuelto a la novia «rota». En uno de sus reportajes explicaba que «la virginidad era la única cualidad que la casandera ofrecía a su novio, y si ya no había eso, ¿qué?… ¿Dejarme engañar por una niñita inexperta que no sabía lo que era el matrimonio? No». De modo que «Ni la entregué, sino que la boté».

Poco después de mi visita a Sincelejo en 2021, me llegó por varios medios la noticia de que circulaba en Facebook el reencauche de una de las entrevistas al esposo agraviado, anunciada como uno de los episodios de colección del programa *Los Informantes,* originalmente grabado en 2012 y ahora disponible en la aplicación de Caracol Play. En el post de Facebook se lee el resumen de «La verdadera "Crónica de una muerte anunciada"», y de su protagonista: «Un hombre que, fiel a sus costumbres y creencias, no quiso pasar por alto la ofensa de Margarita Chica, y sin importar las consecuencias, decidió terminar el matrimonio a un día de empezarlo. Definitivamente todo un suceso digno de una novela». Para el 28 de noviembre de 2021, el desenterramiento de Miguel y su espectro, publicado el 13 de octubre, llevaba 19 mil me gusta, 1,4 mil comentarios y 1,3 millones de vistas. Las licencias de la entrevistadora y narradora de ese reportaje no incluyeron ya negar el noviazgo entre Margarita y Cayetano, pero sí adjudicarle a la novia el «secreto» de amarlo todavía al casarse con Miguel y la intención de aprovecharse del matrimonio para lavar su deshonra.

Me consuela pensar que, al menos entre los que se han atrevido a comentar ese post, la reacción es ahora de rechazo hacia el relato de aquel hombre. Se acusa su «machismo» y «brutalidad», su responsabilidad en la muerte de Cayetano y el «asco» ante la «vulgaridad» de sus testimonios. Sin embargo, no falta quien comente que «Santiago Nasar fue asesinado injustamente, porque él no tenía nada que ver y la protagonista de la historia nunca contó la verdad para proteger a otro hombre».

Como un grito ahogado entre la muchedumbre virtual, reconozco la voz de una de las vecinas de Margarita: «Conocí personalmente, cuando niña, a Margarita, persona intachable. Igualmente a Gabriel García [le diría] con todo respeto ese libro es un chisme de pueblo… Me parece algo morboso… Este viejo [Miguel] también le sigue el juego». Luego, dirigiéndose a la audiencia, concluye: «Yo te pregunto algo. [¿]Ganas algo hablando de Margarita que ya es alma bendita[?]. Respeten».

Había terminado el penúltimo manuscrito de este libro cuando, en mayo de 2022, supe de la existencia de un documental que, aunque grabado once años atrás, se estrenaba apenas entonces. Desde que vi el avance supe que se trataba de una extensión excepcional de la cadena mediática descrita y me propuse hallar a sus productores. En agosto de ese año, gracias a un enlace que generosamente compartieron con la insistente profesora obsesionada con la misma historia que ellos, pude por fin disfrutar de la aventura protagonizada por Harlinson y Tatiana Olea, Marcela Guzmán, José Martínez y Carlos Vergara.

5 ignorantes buscando una verdad documenta el recorrido de unos jóvenes curiosos que, tras enterarse de la cercanía de los hechos y escenarios que inspiraron *Crónica de una muerte anuncia-*

da, deciden rastrear el drama original, cámara en mano, saliendo del departamento de Córdoba hacia los de Sucre y Bolívar en el Caribe colombiano. En principio, reconocen los ignorantes, los mueve tanto la curiosidad por «la verdad» como algo de morbo; pero tras su visita a Sucre-Sucre, el objetivo original del viaje se revela irrealizable. En medio de un pueblo inmerso en la memorable inundación de 2010, embarcados en las canoas a las que se refirió el profesor Isidro Álvarez en mi propia visita de 2021, y con las botas para el fango que mi comitiva no llevó, los ignorantes recorren el pueblo y hablan con algunas de las voces extinguidas antes de mi llegada. Se destaca la de don Lázaro Rafael Vega, amigo cercano de Gabo y Cayetano, de espíritu ecuánime, a juzgar por sus palabras, y de memoria obviamente prodigiosa. Pero ni don Lázaro puede evitar, al dibujar en un papel el recorrido final del difunto antes de que lo mataran, referirse a los asesinos como «los hermanos Vicario». Entre los testimonios recogidos emergen los mismos temas y contradicciones a las que yo me enfrentaría una década después. Las inconsistencias entre los testimonios son tantas que terminan por desviar el objetivo del grupo, al que no le queda más remedio que resignarse a dar cuenta del recorrido y disfrutar del derrotero que los testigos mismos van diseñando para ellos.

Las declaraciones de uno de los entrevistados en el documental, el profesor Alberto Villalobos Dauder, confirman la osadía del propósito que movió a los cinco curiosos. Además de sufrir los efectos distorsionantes de la memoria, dice el profesor, y de la novela de García Márquez, agrego yo, la «verdad» de este caso adolece de aflicciones propias de la idiosincrasia regional. Pues en la oralidad del Caribe colombiano abundan la hipérbole y la costumbre casi compulsiva «de ir adornando y de ir haciendo cada vez más complejas, más interesantes y si se quiere hasta más sabrosas las cosas que va relatando». Todo esto sin sacrificar el tono ni la actitud «de ser quienes están enterados de la última, verdadera y pertinente realidad». Nuestros escritores no lo recogieron del suelo.

Durante la visita de los cineastas a Ayapel, donde vivió Miguel Reyes antes de su primer matrimonio, las antiguas amigas del esposo defraudado dan cuenta de sus hijos previos y de sus aventuras juveniles con varias «niñas» de ese pueblo. Un amigo de Miguel, que seguía vivo en el momento de la filmación, reporta además su fracaso vendiendo pólizas de seguro en Barranquilla y su paso por Miami, donde trabajó como celador de un parque. Mientras las amigas le reprochan a Margarita el no haberse sincerado con Miguel antes de casarse, el amigo acredita la tragedia al esposo mismo, por haberla devuelto.

Los cinco curiosos logran también robarle un brevísimo testimonio a Óscar Chica, hijo de Víctor, el hermano de Margarita que acuchilló a Cayetano. Óscar dice poco, pero revela mucho: que el asunto fue tema tabú en su familia, donde nunca se habló de eso, hasta el punto de que su padre rompió el libro de García Márquez cuando él lo compró; que él mismo fue criado por Margarita, y que dos de sus primas se casaron con hombres de la familia de los Gentile Chimento. Este último comentario deja una huella especial en los «ignorantes». La voz en *off* concluye la narración diciendo que, tras comparar las notas de cada uno sobre lo aprendido, los cinco coinciden en dos puntos. El primero es que, de haber encontrado a Margarita viva, le habrían hecho una única pregunta: «¿Podemos darte un abrazo?». El segundo, que quizás el amor se esté encargando de reparar, vía esas uniones entre familias enemigas, lo que la tragedia rompió.

En medio del coro de los sucreños, en el documental se observa una vez más el descrédito de la palabra de Margarita y la consecuente búsqueda del «verdadero» culpable. Don Lázaro dice haber oído hablar del tal Lizarazo de Guaranda al que se refirió una de las informantes de los periodistas de *Magazín al día*, y de otro hombre de apellido Álvarez, cuyo nombre no logra recordar. Pero el tema más común es la atribución de la desfloración a un sacerdote, una tesis que ya había escuchado, aunque para desvirtuarla, en la familia García Márquez. Según los hermanos del escritor, la teoría del cura había sido difundida por la familia misma de Margarita para restarle responsabilidad a la deshonrada.

La de la culpabilidad de un cura es la explicación más popular al «misterio» de Margarita (y Ángela) en la vida paralela de esta historia, la que la tradición oral moldeó incesantemente antes y después de la publicación de *Crónica de una muerte anunciada*. No he podido determinar de dónde viene ni cuándo empezó a cristalizarse ese rumor, pero es de notar que la presunta culpabilidad del sacerdote no se menciona en el artículo de *Magazín al día*, a pesar de su alegada fidelidad a los testimonios de los testigos en Sucre-Sucre. Las declaraciones de Margarita tampoco responden, ni directa ni indirectamente, a esa teoría.

No es de extrañar que la versión del cura tomara vuelo en la memoria de los sucreños, pues, aun de no haber sido el caso de Margarita, no era del todo infundada. Para la muestra un botón. La noche que pasé con mi comitiva en Magangué, de camino a Sucre-Sucre, llegaron al restaurante donde cenamos con nuestro anfitrión la señora Marina de Jesús Hoyos Atencia y su hijo Pacho, mejor conocido como «el Curita». La historia de ese niño había llegado antes a los oídos y la pluma de varios periodistas locales, quienes divulgaron los orígenes de Francisco (Pacho) Díaz, nacido en 1968 de la relación entre Marina y el entonces párroco de Sucre-Sucre, Eladio Díaz Gómez. Tras su precipitado retorno a su país, aquel sacerdote español —a quien Marina recuerda aún en el furor de sus treinta y nueve años como un hombre altísimo, blanco, sin nalgas y profundamente enamorado de ella— pagó los gastos de la reclusión de la menor en un convento durante su embarazo. Siguió además enviando cartas y provisiones por medio de su superior, el obispo Eloy Tato Lazada, de quien dicen que saqueaba los baúles que Eladio enviaba con jamón ahumado y otras delicias ibéricas. A la larga fue Marina la que levantó a Pacho y a sus otros hijos con el fruto de su oficio como asistente de farmacia. Al llegar a su mayoría de edad, Pacho recurrió al obispo en busca del rastro de su papá, pero este ignoró su súplica. A la voz de que había unos escritores en Magangué, y animado por su prima —la misma primera testigo que me dio la bienvenida con un resumen de la novela de García Márquez en vez de los hechos—, Pacho se había decidido a asistir a aquella cena para pedir ayuda con su búsqueda hasta hoy infructuosa. La prima, que de este drama sí fue testigo, recuerda los chocolates españoles envueltos en aluminio de colores cuyo brillo y sabor la distraían mientras en la casa cural el padre hacía lo suyo con su tía. De manera que en Sucre-Sucre sobraban razones para desconfiar de los sacerdotes, al menos para el momento en que se escribió y publicó la novela de García Márquez, que tampoco oculta su desconfianza frente a los integrantes del clero.

En mi única conversación con un miembro de la familia de Cayetano, que jamás superó el dolor atribuido a la injuria de Margarita, una tía del muerto me dijo, como los García Márquez, que la historia del cura había sido inventada por los Chica. Me contó además que Cayetano había roto su noviazgo con Margarita tras haber escuchado que durante su ausencia ella había conseguido otro novio. Aquel rumor, según me dijo la tía, había venido de la Picho, la hija de la empleada de los Gentile que alcancé a ver de lejos en Sucre-Sucre, y quien para la época del noviazgo entre Margarita y Cayetano debía ser una niña. La Picho había encontrado a la señora Julieta, la madre de Cayetano, haciendo una torta para Margarita, e indignada le había pedido que se detuviera. Les contó entonces que un hombre se le había acercado en el puerto donde abordaba para regresar a Sucre-Sucre, a pedirle el favor de que le entregara una carta a «su novia» en aquel pueblo. Al preguntarle quién era la destinataria, el hombre había contestado que Margarita Chica.

No tengo bases para alentar o desmentir el rumor que agravó el duelo de la familia Gentile Chimento. No puedo tampoco imaginar la dimensión de su pérdida y su dolor. Sin embargo, debo decir que lo primero que vino a mi mente al escuchar ese relato fueron las ilusiones de los admiradores de mi madre en su propio pueblo, Sahagún. Al igual que Margarita, mi mamá fue una joven hermosa y de apariencia virginal, «con una cara de muñeca que provocaba retratarla», según me la describió medio siglo después uno de esos admiradores, que hoy es un pintor de renombre. Más de una vez esa jovencita se metió en problemas por los espejismos que otros fraguaban en torno a una sonrisa o una mirada que ella devolvió, o una canción que bailó con alguno de sus pretendientes, sin malicia, pues, como también imagino a Margarita, mi mamá era lo bastante ingenua para no entender las dimensiones del fuego que podía alimentar. Era quizás también, me he preguntado a veces, una muchacha soterradamente rebelde que quería reírse y bailar sin tener que conceder otros favores a todo el que se sintiera con derechos sobre ella por haber recibido esos gestos. Entre aquellos enamorados ilusos que pretendieron a mi madre, hubo también un cura.

Desde la época de aquellos pasquines que vigilaban la honra ajena en el Sucre-Sucre de mitad del siglo xx, hasta las pantallas de
los seguidores del Facebook en el siglo xxi, Margarita ha sido un
objeto de consumo. Su cuerpo, su sexualidad y sus amores fueron, y continúan siendo, no solo blanco de pesquisa y sospecha,
sino objeto de exhibición por parte de los agentes directos e indirectos de un patriarcado, y un mercado, que hicieron de su tragedia un espectáculo mediático.

Para el momento en que la novela y el artículo de *Magazín al
día* catapultaron su segundo juicio público, Margarita llevaba una
vida tranquila dedicada al diseño y al bordado, en el barrio Palermo de Sincelejo, donde había logrado desligar su nombre de la
desgracia original y abstraerse de los avatares de la memoria de los
habitantes del que había sido su pueblo. Acosada por reporteros
que se le metían por el muro del patio o que ofrecían sumas
cuantiosas por una entrevista, Margarita tuvo, en principio, que
esconderse. Días después se decidió a contar la historia de sus
amores con Cayetano y con Miguel, en aquella extensa entrevista
otorgada a Blas Piña. Pero el daño ya estaba hecho. Frente a la
sentencia legal que exculpó a los asesinos, el ruidoso testimonio
del esposo, la omisión de su relación con el muerto y la promoción de la «inocencia» del mismo, y en la ausencia del «verdadero» autor de su deshonra, en la novela y en la realidad, solo quedaba una posible culpable.

Las declaraciones de Margarita permanecerían, además, sos-
pechosamente enterradas por décadas sin que ninguno de los
medios que tanto han usufructuado de la «novela de la novela»
se tomara el trabajo de reconocer su existencia. Sin que nadie se
ocupara tampoco de cuestionar la versión que sigue enseñándo-
se en las escuelas y vendiendo millones de ejemplares en múltiples idiomas a lo ancho del mundo.

7. Crónica de una novia rebelde

Aquella semana de 2017 en la que, con una muela recién cavada, cené con Jaime en Cartagena y hablamos del rumor sobre Margarita y Miguel, estuve también en Barranquilla. Mi amiga Mercedes Ortega me había invitado a charlar sobre mi libro *La rebelión de las niñas. El Caribe y la «conciencia corporal»* con sus estudiantes y colegas en la Universidad del Norte. Almorzamos en el campus uno de esos combos de comida árabe tan comunes en una ciudad de inmigrantes, donde sirios y libaneses hace mucho que juegan de locales. Allí le conté del epílogo hallado en Austin, el rumor sobre los esposos y mis recientes conversaciones con Blas Piña, el periodista que, tras publicar su única entrevista, se había convertido en confidente de Margarita Chica. Para entonces, Blas me había confirmado el susodicho rumor, pues el mismo Miguel Reyes lo había hecho testigo de un encuentro con Margarita quince años después de su entrevista a la «novia devuelta».

Estaba confesándole a Mercedes mi reticencia hacia ese hombre, Miguel, que se quejaba sin decoro por el fracaso de sus intentos de sacarle dinero a la publicación de su «desgracia», y que despreciaba ruidosamente a la mujer de la que siguió aprovechándose en secreto. Me interrumpió un mensaje vía WhatsApp desde Cartagena, de otro amigo enterado de mis pesquisas, Moisés Álvarez Marín. «Murió el esposo», me contaba Moisés, redirigiéndome a un enlace de prensa que anunciaba el fallecimiento del señor Reyes. Le mostré el teléfono a Mercedes y ambas quedamos boquiabiertas. Más grande que el asombro fue mi alivio por poder concentrarme sin culpa en contar esta historia desde el punto de vista de Margarita.

A Mercedes acredito mi reencuentro con *Crónica de una muerte anunciada* y el interés por la historia de amor en la novela. En el 2014 coincidimos en una cátedra sobre la obra de García Márquez organizada por el Parque Cultural del Caribe, también en Barranquilla, a pocos meses de la muerte del escritor. Mercedes presentó un artículo sobre *Crónica*, escrito a cuatro manos con su hermana María Teresa, sobre el sigiloso misterio dejado por las casi dos mil cartas de Ángela Vicario al esposo perdido. El ensayo de las Ortega ilumina la audacia de un personaje profundamente malentendido que, pese al menosprecio de sus congéneres, entre ellos el narrador, deja su rastro en la escritura de esas cartas de contenido desconocido. Meses después de nuestro almuerzo, se desató en la prensa colombiana una de las polémicas surgidas cada vez que alguien osa criticar la representación de las mujeres por García Márquez, o cualquier cosa que afecte su legado. La crítica y columnista Carolina Sanín respondió a una colega que acusó a García Márquez de machista, con un artículo en el que la escritura de Ángela es el pilar para afirmar que *Crónica de una muerte anunciada* es «la mejor novela feminista que se ha escrito en América Latina».

Los ensayos de las Ortega y de Sanín son una muestra de esa minoría de los trabajos críticos sobre *Crónica* cuyo foco es Ángela Vicario, y del amplio espectro de las interpretaciones inspiradas por su historia de amor. Las cartas, en particular, son un punto de discrepancia entre quienes nos hemos propuesto explicar la trayectoria de la protagonista femenina de la novela. Nuestras diferencias son reflejo tanto de la ambigüedad en la representación de Ángela como de las diferentes maneras de entender a las mujeres —y de defenderlas— aglomeradas bajo el título de «feminismo».

En las siguientes páginas recorro el libro de García Márquez por otra de sus rutas posibles, la de la «historia secreta de un amor terrible», para explorar la caracterización de Ángela y el rol de las cartas y sus amores en las interpretaciones del personaje. Varios factores excepcionales confluyen para hacer de esta una parada tentadora.

En primer lugar, he dicho ya que *Crónica* hace una denuncia de la violencia machista, si bien limitada por la incapacidad del cronista para percibir la condición de víctima de su protagonista femenina. Cabe agregar que *Crónica de una muerte anunciada* es la única de las obras de García Márquez que señala explícitamente la problemática relación entre la masculinidad tradicional, sintetizada en el código del honor, y la violencia del poder. Al hacerlo, funciona como una lupa con la que es posible examinar otros de los protagonistas del escritor y, con ellos, los patrones persistentes en los papeles de hombres y mujeres en su obra, los cuales adolecen de una obstinada rigidez. De allí a llamar esta novela una obra «feminista» hay un camino que invito a contemplar con sano escepticismo.

Lupa en mano pueden observarse las grietas en el reino de varones ensimismados que es el mundo de García Márquez. Sus «héroes» tienden a sufrir de la misma tara: una compulsiva necesidad de imponerse, que los conduce a menudo a la violencia y los hace, en su fuero íntimo, cómplices de las arbitrariedades y la brutalidad del poder que encarnan o combaten en público. La lente de *Crónica* permite revisar también las contradicciones personificadas por el rosario de mujeres impetuosas y rara vez felices que pululan entre sus páginas. Pues pese a los poderes mundanos y sobrenaturales atribuidos a sus heroínas, la mayoría de ellas viven escindidas entre sus propios impulsos y el imperativo de complacer las necesidades y caprichos de «sus» hombres. A estos últimos suelen rendirse por el influjo de dos fuerzas constantes: la de la violencia y la del amor. El caso de Ángela Vicario es un perfecto ejemplo de la forma en que se complementan esas fuerzas y de sus efectos.

En segundo lugar, *Crónica* refleja un involucramiento sin parangones del autor en la trama de su novela y en la difusión de la misma. Como ilustro en la «Crónica de un narrador implicado», la narración ancla su credibilidad en la relación entre la comunidad recreada y el escritor, en el cual se basa el personaje que hace de «testigo», investigador y analista de los hechos. Ya me he referido también a la participación de García Márquez en la promoción mediática del texto y del evento «real» que motivó su escritura. De modo que *Crónica* es una muestra extraordinaria para las y los interesados en poner a prueba la posición del escritor ante las visiones del mundo que su obra reproduce. Esto de la posición del escritor amerita un breve paréntesis, a modo de aclaración.

¿Era García Márquez un hombre machista o estaba reproduciendo la realidad de su entorno? La falsa dicotomía implícita en esta pregunta, que he escuchado en múltiples versiones, es sintomática de la fijación con el autor como hombre y figura que continúa primando en Colombia. Esa fijación mueve tanto a quienes lo cuestionan, por razones a menudo ajenas a lo literario, como a quienes lo defienden a capa y espada. Mi propósito no es descifrar los secretos de la vida personal del escritor ni juzgar sus acciones. Me interesa desplazar el foco hacia su obra, para estudiarla como prisma tanto de la cultura en que se forjó su perspectiva, como de los juicios y prejuicios de sus millones de lectores. Lo intrigante para mí de las apasionadas reacciones a García Márquez y sus libros es cómo y por qué generan aún devociones tan profundas como para que sus seguidores se sientan abocados a atacarlo o defenderlo, a expensas incluso de la crítica social explícita en sus libros. Sin duda se debe a la genialidad inapelable de uno de los más grandes contadores de historias en nuestra lengua, y al respeto que se ganó con justicia en el camino a convertirse en un portento global. Se debe también al efecto que sigue ejerciendo la realidad inmortalizada por su palabra, a esa fascinación resumida en el término «realismo mágico» con el que se asocia mundialmente a García Márquez.

No quiero extenderme en cuán problemático es ese término, pero diré dos cosas. Lo primero es insistir en que su efecto seductor proviene tanto del medio retratado como de la palabra, es decir, de las realidades absurdas y los persistentes vestigios míticos y premodernos de un contexto sociocultural específico, aunque con ecos globales, indiscerniblemente fundidos con el virtuosismo estético de un mago del verbo. Lo segundo es advertir sobre las consecuencias de la confusión de lo real que resulta de la sugestión de lo «mágico». La más preocupante de las consecuencias observadas entre mis compatriotas es que sus lectores se sientan tan encantadoramente retratados en el cuadro del escritor, que no puedan ver la advertencia que hace contra nuestras taras culturales. Peor aún, que prefieran seguir posando en un «macondismo» estratégicamente alimentado por campañas turísticas en las que «Colombia es realismo mágico». Para los extranjeros, entre ellos mis estudiantes, lo más común es, en cambio, que se tomen lo escrito como fabuloso o idiosincrático, sin entender la carga de dolor implícita en la historia narrada por el autor, ni las resonancias globales de sus «pintorescos» cuadros de la cultura hispanoamericana. La actitud acrítica de los lectores de García Márquez que ignoran su denuncia al imperialismo y sus acólitos regionales, o de los que se escandalizan ante la mención de los rasgos sexistas y racistas de sus personajes y narradores, contribuye además a otra leyenda con consecuencias reales: la percepción del Caribe y Latinoamérica como el reino de la modernidad fallida, el desorden, la violencia, el desafuero sexual y la incapacidad moral y política para gobernarnos.

Más allá del mito asociado a la escritura de García Márquez, y del tejido en torno a su nombre, el mundo registrado en su obra tiene aún mucho que enseñarnos sobre nuestra tolerancia a los abusos del poder y su violencia, tanto en sus expresiones públicas como en sus resortes íntimos. Como sigo contestando a quienes insisten en protegerlo de lecturas a contrapelo, leerlo con rigor es el mejor homenaje que le podemos hacer al escritor.

Fin del paréntesis.

Ángela Vicario aparece en *Crónica de una muerte anunciada* como la insulsa hija menor de una familia pobre y honrada, «bendecida» por la llegada al pueblo de un forastero rico, Bayardo San Román, cuyo interés por esa mujer hermosa, aunque carente de brillo, resulta inexplicable para el narrador y los vecinos. Aún más inexplicable es que Ángela se resista al asedio del arrogante desconocido, quien no escatima recursos para deslumbrar, más que a la pretendida, a su familia. Las objeciones de Ángela son acalladas por la sentencia de su madre: «También el amor se aprende».

La noche de la pomposa boda se revela que, pese a la notoria «penuria de espíritu» que el narrador atribuye a su prima, la protagonista no es la novia intachable que Bayardo anticipaba. Tras su devolución, Ángela es obligada a confesar la identidad de su agraviador, puesta en duda por el narrador, que se sumerge en su pensamiento para imaginarla encontrando el nombre de Santiago entre otros amantes. La sospecha ante su testimonio inaugura el misterio tan popular en torno a la identidad del «verdadero culpable» de la desfloración de la protagonista. Desata asimismo la visión de Ángela como mentirosa y las teorías de los testigos sobre su motivación para mentir, que oscilan entre el afán de proteger a un amante escondido, un rencor inexplicado hacia Santiago Nasar y el convencimiento de que sus hermanos no se atreverían a atacar a un hombre del estatus del muerto.

Una vez la muerte del agresor es consumada, a manos de los gemelos Vicario y con la aprobación tácita de los habitantes del pueblo, la «novia devuelta» es expulsada de la comunidad. La madre se propone asimismo «enterrarla en vida», sin éxito, pues pese a la oportunidad de anonimato que su nuevo comienzo en otra población le ofrece, Ángela se rehúsa a esconder su desgracia.

Como documentan lectores aguzados, la caracterización de Ángela Vicario sufre de inconsistencias que delatan los prejuicios del personaje del narrador o cronista[2]. A la carencia de espíritu que atribuye a esa prima, «la boba», como la llama citando a Santiago, se yuxtaponen la capacidad de Ángela para el trabajo, su desdén hacia la altanería de Bayardo y su irreverencia hacia la

---

2 La crítica María Solá señala cómo el narrador está tan confundido e implicado en las culpas de la comunidad como cualquier otro personaje de la novela. M. I. Millington cuestiona de manera similar las bases ideológicas de los juicios del narrador, que la novela intenta hacer invisibles, y conecta el descubrimiento de líneas alternas de sentido con la capacidad de los lectores para captar la perspectiva de «los otros» —las mujeres y los hombres pobres, entre otros—.

autoridad encarnada por el obispo. La complejidad del personaje se evidencia a su vez en su actitud en la noche de bodas, cuando Ángela se niega a encubrir que no es virgen, pese a que sus amigas le han dicho que fingir esa virtud es una práctica usual entre las muchachas del pueblo. La resistencia de la recién casada a participar en la farsa colectiva que mantiene la apariencia de un patriarcado inmaculado se extiende en la reacción a su castigo. Pese a ser incriminada en su deshonra, el asesinato de su supuesto amante y la muerte (de pena) de su padre, la novia devuelta no expresa culpa o vergüenza alguna. Por el contrario, según dice el cronista, se empeña en contarle a cualquiera que se lo pregunte los detalles de su desgracia. Lo confiesa todo, insiste el narrador, menos la verdadera identidad de su primer amante.

Tanto la evolución del noviazgo con Bayardo como los sucesos posteriores a la boda le son revelados al cronista en un encuentro medio siglo después con esta prima a la que ha juzgado tan insustancialmente. Para entonces, la vida de Ángela, emulando a la de Margarita Chica, transcurre en una casa de su propiedad, comprada para su madre con ayuda de una fracción victoriosa de la lotería. Desde esa casa trabaja, para colmo de la ironía, bordando trajes de novia. Ángela lo recibe «igual que siempre, como un primo remoto», contesta a sus preguntas con «buen juicio y sentido del humor» y se revela por primera vez ante él «tan madura e ingeniosa, que costaba trabajo creer que fuera la misma». Asombrado por «la forma en que había terminado por entender su propia vida», el narrador llega a concederle «decencia pura» por no haber mentido la noche de bodas, pero no deja de insistir en la existencia del «verdadero» amante escondido. Cuando Ángela replica: «Ya no le des más vueltas primo, fue él», el cronista interviene una vez más ante los lectores para recalcar que lo único que esa mujer no está dispuesta a revelar es «quién fue, y cómo y cuándo, el verdadero causante de su perjuicio. Porque nunca nadie creyó que en realidad hubiera sido Santiago Nasar».

El narrador continúa subrayando la desconfianza hacia su interlocutora, al agregar que «la verdad es que hablaba de su desventura sin ningún pudor para disimular la otra desventura, la verdadera, que le abrasaba las entrañas». Con estas palabras presenta el amor de Ángela por Bayardo, renacido al verlo casualmente años después de su destierro. Es entonces cuando Ángela empieza a escribir las cartas semanales que acabarán por fraguar el retorno de Bayardo San Román.

El cronista remite el origen de ese amor a la noche de bodas, en la cual Bayardo parece haber cobrado su decepción abusando sexualmente de la esposa. Así lo constata su resumen de una de las primeras cartas de Ángela: «Una carta febril de veinte pliegos en la que soltó sin pudor las verdades amargas que llevaba en el corazón desde su noche funesta. Le habló de las lacras eternas que él le había dejado en su cuerpo, de la sal de su lengua, de la trilla de fuego de su verga africana». La síntesis de esta carta, la única que el narrador se toma el trabajo de describir en detalle, demuestra la violencia del encuentro sexual en cuestión. Revela a su vez la atribución de placer erótico a esa violencia, y la conversión *a posteriori* de la violación en «amor», motivos recurrentes en la obra de García Márquez en los que me he extendido en otros textos. Al adjudicar la conquista del amor de la novia rebelde al grandioso placer sexual provisto por Bayardo, identificado en la escena por su miembro sexual «africano», el resumen de la carta revela igualmente los prejuicios raciales que atraviesan la novela.

La racialización de los protagonistas —su categorización en función de características asociadas a un determinado grupo étnico— es una más de las invenciones del escritor, quien convierte a un descendiente de italianos blanco en un «turco», en el caso de Santiago, e introduce al esposo de manera deliberadamente ambigua. Los orígenes de Bayardo San Román se aclaran cuando, a petición de la madre de Ángela, llegan al pueblo sus padres: un conocido héroe de guerra blanco y «una mulata grande de Curazao». Los personajes identificados como negros o mulatos —en especial las mujeres— aparecen a menudo en la obra de García Márquez como cuerpos asociados a una sexualidad transgresora. La encarnación de fantasías racistas en las que hombres y mujeres afrodescendientes disfrutan o proveen placer sexual desmesurado es, como señala la crítica Adelaida López Mejía, uno de los síntomas de la visión estereotípica de lo afrocaribeño que caracteriza el mundo del escritor. En *Crónica*, la presentación de las «perturbadoras» hermanas de Bayardo, que «acabadas de florecer, parecían dos potrancas sin sosiego», ilustra otra constante: la animalización de las mujeres negras. También las mulatas del burdel, que Santiago Nasar se deleita en confundir unas con otras, merecen mención, pues es precisamente el burdel el escenario en el que son más comúnmente localizadas, y celebradas, las mujeres negras y mulatas en el Caribe de García Márquez.

Al igual que sucede con su representación de los privilegios de los hombres sobre las mujeres, es difícil discernir si la reducción de esos «otros» es una expresión de la mentalidad de sus héroes, típicamente criollos y mestizos, de sus narradores o del escritor. Pues, como señala también López Mejía, aun cuando el racismo de sus personajes se hace evidente, rara vez intervienen sus narradores, o el autor, para contrarrestar los estereotipos que sus novelas revelan. La caracterización de la virilidad de Bayardo en la escena citada evoca otra de las más perversas y mediáticas fantasías tejidas en torno a la sexualidad de los hombres de origen africano: la amenaza de la violación a la mujer blanca. Solo que, en esta ocasión, la blanca termina enamorada del violador.

En la misma entrevista donde intentó aclarar, poco después de publicada *Crónica de una muerte anunciada*, los límites entre los hechos y la ficción en su novela, García Márquez se refirió a la batalla de los autores con sus personajes, quienes a menudo «quieren escaparse a los escritores de las manos […] toman vida propia y terminan por hacer lo que les da la gana». *Crónica* era su «mejor novela», anunciaba, por haber logrado hacer en ella «exactamente lo que quería […]. En ninguna había tenido yo un control absoluto como en esta». La transformación operada sobre Ángela por el amor es el más ambiguo de los aspectos de un personaje cuya construcción, pese al afán de control del autor, dejó muchos cabos sueltos.

Las inconsistencias antes señaladas en el retrato y la trayectoria de Ángela se revierten en el espectro de interpretaciones de su comportamiento por sus lectores, tanto los no especializados como los críticos. Mercedes y María Teresa Ortega sintetizan la recepción más común del personaje ya sea como «la ingenua o boba que se deja seducir o "perjudicar" (utilizando el vocabulario de la región Caribe)», como «la desvergonzada, inmoral y disoluta quien descaradamente se casa de blanco no siendo "señorita"» o como la «mujer fatal cruel y despiadada, que causa la desventura de los hombres». Nótese que, en cualquiera de estos casos, Ángela es percibida como la responsable de su desgracia.

En contraste, las lecturas críticas feministas del personaje oscilan entre quienes resaltan su condición de víctima y catalizador de la opresión reflejada por la novela, y quienes la aplauden como «heroína» capaz de desafiar el poder encarnado por los hombres, reinventarse y reclamar un nuevo rumbo. No se rebate que tanto su «opresión» como su «emancipación» pasen por mentir y contribuir a la muerte de un «inocente». Tampoco parece advertirse la paradoja de que tanto la reparación de la ofensa recibida como la supuesta liberación del personaje culminen con su retorno a un matrimonio obligado.

Una piedra angular para la interpretación de Ángela como un personaje «feminista» es su transformación en «escritora». De las cartas al esposo, con excepción de la carta erótica ya comentada, sabemos solo lo que el narrador anuncia en este pasaje:

Al principio fueron esquelas de compromiso, después fueron papelitos de amante furtiva, billetes perfumados de novia fugaz, memoriales de negocio, documentos de amor, y por último fueron las cartas indignas de una esposa abandonada que se inventaba enfermedades crueles para obligarlo a volver.

Aunque la descripción sugiere que el relato de Ángela sobre su vida era intrascendente, el narrador destaca el proceso que escribir esas cartas ha operado sobre la personalidad de la protagonista: «Se volvió lúcida, imperiosa, maestra de su albedrío, y volvió a ser virgen sólo para él, y no reconoció otra autoridad que la suya ni más servidumbre que la de su obsesión». El poder que la protagonista adquiere de la escritura se constata cuando, tras varios lustros de silencio, Bayardo regresa para consumar el final feliz de este «amor terrible», con la maleta de su ropa en una mano y, en otra, las «casi dos mil cartas que ella le había escrito [...] en paquetes cosidos con cintas de colores, y todas sin abrir».

El regreso del esposo ha sido leído como el triunfo de Ángela sobre el hombre que la rechazó, y sobre el sistema que fundamentó ese rechazo al negarle valor como esposa por no ser virgen. En una inversión de la relación de poder, Ángela reclama su propio deseo, se apropia del papel de conquistadora de ese hombre prepotente, ya disminuido por la humillación pública, y termina siendo ella quien lo domina. Carolina Sanín argumenta a favor de esta lectura que «después de haber visto y declarado que el patriarcado ha sido autor de su personaje, [Ángela] asume otro papel: el históricamente masculino del autor romántico —el que amaba a una mujer idealizada—, pero con un vuelco: ella ama y se dirige a un hombre real». Además de como una fuente de poder sobre sí misma y el marido, las cartas han sido consideradas, en palabras de la crítica María Solá, como «una novela epistolar nunca leída que podría contener lo que *Crónica de una muerte anunciada* jamás dice sobre los mismos sucesos y personajes».

La comprensión de la protagonista, y de la novela toda, como «feminista» es entorpecida por la segunda parte de la transformación de Ángela, y por la negativa de Bayardo a leer las cartas de su esposa. En la misma frase en que es declarada «lúcida, imperiosa y maestra de su albedrío» la protagonista renuncia al imperio de su lucidez en nombre de una nueva autoridad y servidumbre: «Y no reconoció otra autoridad que *la suya* ni más servidumbre que la de *su* obsesión». A esta autoridad se rinde —nótese la imprecisión de los posesivos— en favor ¿de ella?, ¿de la escritura?, ¿de la obsesión del amor?, ¿del esposo? En cualquier caso, todo ese arrojo se ejerce en pro de un objetivo: volver «a ser virgen sólo para él». El retorno del esposo con las cartas sin abrir constata la aceptación de Bayardo de esa ofrenda. Aclaro y subrayo: no de la mujer cuyos secretos comparte la «escritora», sino de la devoción de esa esposa antes rebelde que, pese a su transgresión inicial, le prueba con casi dos décadas de constancia que ha asumido por fin su papel. Mantener las cartas selladas, y además coserlas «con cintas de colores», es, en sí mismo, un acto violento de silenciamiento de su autora.

La adaptación de *Crónica de una muerte anunciada* al cine, dirigida por Francesco Rosi y estrenada en 1987, privilegia la historia de amor de Ángela y Bayardo y su desenlace «feliz». A diferencia del relato de García Márquez, la película sigue el orden cronológico de los hechos. Mientras la novela abre y cierra con la «muerte anunciada», el filme concluye primero la historia del «crimen atroz», con el asesinato de Santiago, y después la historia del «amor terrible», con el retorno de los esposos. Por inspiración propia, Rosi centra el final en la emoción de Ángela, interpretada por la actriz italiana Ornella Muti. Ornella sigue el rastro de las cartas que Bayardo, encarnado por el inglés Rupert Everett, ha esparcido sobre el suelo para anunciar su regreso. Al encontrarlo, sobrecogida hasta el llanto al comprobar su perdón en los ojos del amado, la esposa redimida se arrodilla para abrazarse a sus piernas. Tras un *zoom out*, Rosi regresa desde una toma aérea al cuerpo ensangrentado de Santiago Nasar tirado bocabajo en la plaza, que sirve de fondo a los créditos de la película. De este modo, el director italiano intentó resolver el reto que le ofreció la adaptación de la novela: «Una película difícil», dijo en una entrevista con Eligio García Márquez, no solo por sus múltiples historias entrelazadas, sino porque requería «mostrar el amor y la violencia juntos. Entremezclados el uno con la otra. La vida y la muerte [...]. Pero es que en verdad el amor también engendra violencia. Para imponerse, debe ejercer violencia». Nótese que la escena de la consumación de la boda en la película de Rosi acentúa de igual forma la violencia con la que el esposo, inequívocamente blanco, se desquita por la ofensa de Ángela.

La versión de Rosi contribuiría no solo a imprimir la violenta historia de amor en la conciencia de sus espectadores, sino a amplificar la resonancia global del drama de García Márquez:

—Para mí, Ángela Vicario es Ornella Muti —me dice mi amiga y cinéfila española, Elena Cueto, replicando sin saberlo un comentario que había escuchado recientemente de una espectadora colombiana. El filme fue otra ficha clave en el éxito global de *Crónica de una muerte anunciada*. Elena me cuenta asimismo que la película aterrizó para ella, en la Europa moderna, un relato que hasta entonces había asociado con los dramas del Siglo de Oro español. No es de extrañarse que haya atraído al director neorrealista, continúa, pues—: Esa historia podría haber ocurrido en Sicilia.

Mi mayor sorpresa ante las lecturas enfocadas en la historia de Ángela ha sido la generalizada aceptación del retorno de los esposos como «final feliz», e incluso como expresión verosímil de una liberación «feminista» de la protagonista. No niego que el súbito enamoramiento de Ángela y el reencuentro con el hombre que la desechó fueran posibles. Crecí escuchando historias de esposas que, aunque habían sido públicamente humilladas por el abandono de sus maridos, los aceptaban de regreso tras sus fracasos con las amantes. Los recibían no solo gordos y envejecidos sino enfermos, cuando eran ellos los despreciados por sus nuevas mujeres. Las amantes, libres de la atadura del matrimonio, se negaban a cuidar maridos desvalidos. Entre las esposas, no faltaba la que recibiera su carga como un «triunfo» sobre la voluntad del esposo y la perfidia de la otra mujer. Esas historias siguen siendo más que plausibles de cara a la educación sentimental que continúa vigente en muchas sociedades latinoamericanas, caribeñas, y en sus diásporas.

Sin embargo, me intriga la aceptación unánime por parte de lectoras y críticas de que ese amor fuera el resultado lógico de la metamorfosis de la protagonista de *Crónica de una muerte anunciada*. Tras adquirir autonomía económica y escapar, aunque de forma trágica, al control de su sexualidad, desdeñando la opinión pública que la reduce a la provocadora o culpable, Ángela Vicario, antes suspicaz frente a los alardes patriarcales, elige recuperar al hombre al que detestaba. De paso, señala el narrador, al aprender por fin a amar al hombre que la devolvió, el rencor acumulado por su situación es desplazado hacia su madre. El hecho de que la «solución» del amor aparezca justo cuando ese personaje se le revela al cronista como una mujer «madura e ingeniosa» me resulta igualmente desconcertante.

Puedo aventurarme a interpretar este final como una suerte de «redención» por parte del autor hacia un personaje al que su narrador tanto había vilipendiado. Una redención que justifica, incluso ante sus lectores, con la abnegación demostrada por la mujer durante esos diecisiete años de escribir cartas semanales sin respuesta. También es posible, como sugieren las críticas citadas, que la novela intente empoderar con este final a Ángela, permitiéndole dominar, por medio de la escritura, al esposo que la rechazó. Lo que me sigue inquietando de este camino de «redención» o «empoderamiento» son las nociones de amor y poder que García Márquez propone en ese final. Según sugiere la voz del epílogo que me embarcó en esta pesquisa, el amor «secreto» entre los esposos es «terrible» porque se nutre del crimen violento contra un hombre «inocente». A mí me resulta aún más aterrador pensarlo como resultado de la violencia sexual, y como síntoma de la conformidad femenina con nociones de poder y amor que se alinean con la obsesión patriarcal por controlar y dominar.

La connotación violenta del amor en *Crónica de una muerte anunciada* es sugerida desde el epígrafe de la obra: «La caza de amor es altanería». Como señalan los críticos Barbara Jarvis y Daniel Iglesias, ese verso de Vicente Gil es clave para reconocer cómo la novela invierte la relación de dominación simbolizada por la halconería. Pese a su soberbia, los halconeros de la historia, Santiago y Bayardo, terminan siendo «cazados» por las «garzas guerreras» que se resisten a ser batidas. Entre estas últimas se destacan una prostituta, María Alejandrina Cervantes, catalogada como la «maestra de lágrimas» de Santiago en su primera «pasión desquiciada», y la empleada de los Nasar, Victoria Guzmán, cuyo silencio sobre el rumor de que van a matar a Santiago impide la desfloración inminente de su hija. Ángela Vicario, cuya palabra sella el destino de Santiago y cuya escritura obra el milagro de recuperar a Bayardo, es otra de esas aves aguzadas. Leída de esta manera, la novela no solo denuncia la violencia machista, sino que critica la «altanería» de los hombres que abusan de su poder, señalando, dice Solá, «las inconsistencias e injusticias del machismo, la ley de privilegios para los varones poderosos y las contradicciones y conflictos que causa».

Tanto la resistencia de Ángela Vicario a la «compra» de su amor, vía un matrimonio por conveniencia, como su negativa a fingir la virginidad en la noche de bodas son pruebas contundentes de su condición de «garza guerrera». La rebeldía de Ángela pone en evidencia, y en crisis, el rol del control de la sexualidad femenina en el sostenimiento del poder social. El imperativo de la virginidad y del matrimonio constituyen, junto a la creencia en la fatalidad y el uso espectacular de la violencia, otro puntal de los privilegios de los machos altaneros, en el mundo del libro y más allá. La actitud de Ángela estremece los cimientos de ese puntal.

No obstante, el final de la novela recurre a la misma artimaña que parece denunciar. Ángela «aprende» a amar al esposo que antes desdeñó, y usa su dominio sobre sí misma para orquestar su retorno al matrimonio. El esposo es, para entonces, hasta cierto punto, un hombre «reformado» que ya no espera de ella una sexualidad inmaculada. Pero a juzgar por su negativa a leer las cartas de Ángela, Bayardo sigue prefiriendo el gesto de lealtad de la esposa por encima de la oportunidad de descubrir a la mujer cuya profundidad atestigua el contenido de su escritura.

La dudosa redención ofrecida por el «final feliz» implica, para mí, la vuelta al riel de la protagonista, quien, para el momento del súbito descubrimiento de su amor, había sobrevivido airosa a la vergüenza y ganado dominio sobre su vida. Pese a su crítica a los excesos del machismo, *Crónica* termina por reparar la crisis del código patriarcal, reiterando los privilegios masculinos bajo una versión en apariencia menos opresiva del contrato sexual y matrimonial. Suavizando sus alardes de otros tiempos, el hombre subyuga a la novia rebelde ya no por la fuerza del dinero o de la tradición sino vía la dominación erótica y afectiva, tampoco exenta de violencia. La subordinación femenina aparece, además, como resultado de la rendición voluntaria de una mujer «emancipada» en nombre del amor. Un amor que «aprendió», valga insistir, al ser víctima de violencia física y sexual.

Crónica de una muerte anunciada no es la única de las novelas de García Márquez donde el dueto del amor y la violencia facilita la renuncia de las mujeres a sus ambiciones de autonomía y acaba por justificar la «voluntaria» subordinación de ellas a los hombres que aman. Dista de ser tampoco el único clásico hispa-

noamericano donde el discurso amoroso actúa como justificación de los «derechos» que los hombres ejercen sobre sus amadas.

Factor común entre la visión garciamarquiana y las interpretaciones que conceden a Ángela dominio sobre el esposo es su
adhesión a una definición del amor como «altanería». Según esa
noción, las relaciones íntimas son relaciones de dominación donde la balanza del poder se inclina hacia quien se impone o quien
aparenta hacerlo. El amor no deja de estar al servicio de ese pilar
del patriarcado —la obsesión por controlar al otro— porque sea
la mujer quien imponga su voluntad sobre el hombre. En mi
opinión, el problema esencial que *Crónica* sigue proponiendo a
las lectoras y críticas feministas no es si Ángela logró conquistar a
su marido o no, sino por qué ni para Ángela, ni para Margarita,
fue concebible una forma de «liberarse» más allá de la subordinación emocional que suponen la institución del matrimonio y las
nociones patriarcales de amor.

Pese a los muchos reclamos exitosos de espacio y autoridad
para las mujeres en el ámbito público en el último siglo, las batallas más dolorosas por la equidad de género se siguen dando en
la intimidad de nuestras camas y hogares. La historia de amor de
Crónica remarca que, junto al reto de seguir reclamando autonomía económica y soberanía sobre nuestros cuerpos, subsiste el de
redefinir las relaciones íntimas en formas que descubran, dispu-
ten y superen el perenne romance del patriarcado con la dominación.

Los «feminismos de color» le han tomado el pulso a este reto.
En el Caribe colonial y poscolonial, la intimidad ha constituido
un escenario clave en la negociación del sustento, la libertad y la
vida. De allí que las pensadoras afrocaribeñas lleven décadas hablando de la mercantilización del deseo y la transformación de
los estereotipos y las desigualdades asociadas a lo racial en un

gancho erótico, entre otras limitaciones al potencial humano derivadas de las transacciones con la sexualidad. Al mismo tiempo, investigadores y artistas han documentado cómo hombres y mujeres se las han arreglado para ejercer formas de libertad y ciudadanía ligadas al sexo y las relaciones afectivas. También entre pensadoras queer, afrodescendientes e indígenas, chicanx y latinx, puede rastrearse la paradójica coexistencia de la opresión y la liberación en la intimidad. Cierto es, como denuncian feministas de todos los orígenes, que nuestros cuerpos han sido «domesticados» bajo instituciones que han hecho de la dominación sexual y amorosa un instrumento por excelencia del patriarcado. Pero el amor no es un mero subsidiario del poder, es un poder en sí mismo con efectos tangibles y con posibilidades aún por imaginar. Es, además, un poder en el que, a fuerza de un entrenamiento milenario, las mujeres somos particularmente diestras.

En un iluminador ensayo sobre «el poder del amor», Eudine Barriteau evalúa esta paradoja en las relaciones heterosexuales en el Caribe contemporáneo. La politóloga comenta las persistentes dificultades de las caribeñas, pese a sus logros profesionales y en la arena pública, para encontrar satisfacción en sus relaciones íntimas, cuyos dilemas remite a la persistencia en la práctica del «derecho» masculino a devengar de los recursos sexuales y afectivos de las mujeres. En el empeño de expresar nuestro potencial erótico, muchas nos vemos enredadas en una forma particular de apropiación «en la que los hombres tienden a explotar la capacidad de amor de las mujeres y transformarla en modalidades de poder individual y colectivo sobre las cuales las mujeres pierden control» (traducción mía). Es así como la capacidad de amar pasa de ser una fuente de poder de las mujeres a convertirse en pilar del afianzamiento de la confianza en sí mismos y del reconocimiento social de los hombres a los que amamos. Este proceso ha sido avalado durante milenios por la moralidad religiosa, el matrimonio y la maternidad, por nombrar las influencias más obvias. Como ilustraré en la crónica final de este libro, hoy en día en Occidente, el más férreo eje de la desigualdad en las responsabilidades y beneficios derivados de las relaciones íntimas es el acuerdo de subordinación velado por la fachada del amor romántico.

Barriteau extiende su crítica para recordarnos que el poder del capital, entre otras formas hegemónicas de poder social, se sirve asimismo del poder amatorio. Es ese poder el que persiguen quienes llegan al Caribe en busca de un rato de desahogo con los amores fáciles inspirados en las fantasías sobre los cuerpos afrocaribeños que pululan en los folletos turísticos. Y en la literatura. La demanda de esa fuerza desplaza igualmente a miles de mujeres desde el Caribe y Latinoamérica, entre otros rincones poscoloniales, para atender a residentes del «Norte global», dejando atrás los afectos, aunque no las necesidades, de aquellos a quienes ellas aman. Mientras el derecho a trabajar fuera del hogar ha sido una de las banderas del feminismo defendido por mujeres de clase media, cuya emancipación pasa por delegar la labor doméstica, la explotación para esa labor de «otras» racializadas y en peores condiciones económicas es también una cuenta pendiente en la agenda feminista latinoamericana y mundial.

El reclamo de la autoridad de las mujeres sobre su capacidad amatoria es fundamental en la lucha por la autonomía sexual y reproductiva, entre otras expresiones de libertad y realización individual y colectiva de mujeres de todas las clases, etnias, religiones y nacionalidades. Mas el camino para recuperar nuestra fuerza amorosa no puede ser invertir la subyugación implícita en el amor romántico. Esa forma de amar que implica «cazar» y mantener al otro bajo dominio, no es otra cosa que la extensión de la obsesión por el control y la misma lógica jerárquica del patriarcado. Si nuestro propósito último es derrocar esa lógica, la salida no puede ser someter a otros a la situación injusta de la que hemos peleado por liberarnos. Las múltiples interpretaciones de la historia de Ángela y Bayardo revelan, en últimas, que las feministas de estos tiempos aún tenemos que ponernos de acuerdo, al interior de nosotras mismas, entre nosotras y con los hombres, sobre lo que entendemos por «amor».

Desde mi punto de vista, la representación de las mujeres y el amor en *Crónica de una muerte anunciada* habilita lecturas feministas, pero el desenlace de la novela dista de ser «liberador». Quizás *Crónica* sea, como dijo García Márquez, una condena de cierto tipo de machismo, pero la novela no defiende a sus mujeres del patriarcado. Quizás la pasión que lleva a Ángela a escribir por tantos años sin respuesta sea nutrida por el poder erótico, pero lo que se impone en el retorno de Bayardo es la dominación en nombre del amor. Quizás la reconquista del marido implique una inversión del amor romántico en su versión clásica, pero los amantes vuelven a su posición tradicional al final, cuando el esposo deja sus condiciones muy claras: mantener las cartas cerradas es la prueba de su dominio. Quizás Ángela sea la «autora» de un relato femenino, pero no de una novela feminista, no solo porque su destinatario se niega a leer la historia que cuenta en primera persona, y su narrador a validarla ante sus lectores, sino porque la protagonista no alcanza a imaginar una forma de gozar de su sexualidad ni amar más allá de la subyugación. El fajo de esas cartas cosidas ostentado por el esposo es, para mí, el trofeo que ratifica la rendición de la novia rebelde, doblegada finalmente por un «amor terrible».

De regreso a Margarita Chica, la experiencia con el amor que aquel poderoso escritor le inventó a su protagonista es el último eslabón en la cadena de los «amores terribles» que marcaron la trayectoria de la verdadera novia devuelta. En la primera parada del camino de lo vivido relato cómo esa mujer tuvo que convivir no solo con el fantasma de su primer novio, Cayetano Gentile, sino con el del supuesto amante escondido imputado por la novela a Ángela Vicario. En cuanto al «final feliz» de su segundo amor, la vida fue aún menos generosa que la ficción con su protagonista.

8. Crónica de la esposa devuelta

Margarita Chica Salas contó su propia versión de los hechos trágicos de 1951 en la única entrevista extensa que concedió en vida, al periodista Blas Piña Salcedo. Su relato, publicado por *El Espectador* en mayo de 1981, diecisiete días después del lanzamiento de *Crónica de una muerte anunciada*, empezaba así:

> Tenía apenas 9 años y estudiaba en el colegio de las misioneras en Sucre, Sucre cuando empecé a sentir una profunda atracción hacia Cayetano (Santiago Nasar). Yo jugaba con mis compañeras alrededor del camellón y siempre corría para verlo cuando pasaba.
>
> [...]Pasó el tiempo. Nos trasladamos a Sincelejo a vivir un tiempo, de esta ciudad nos fuimos a Barranca y luego regresamos a Sucre, Sucre. Cuando tenía 13 años mi hermana me enseñó a bordar.
>
> Todo en mi vida era apacible. Soñaba con amar y ser amada. Había hecho hasta el 5º de primaria y quería trabajar pero en Sucre no había sino una o dos oficinas y el puesto que uno podía conseguir era de maestra de escuela. Ya no iba a seguir estudiando porque en ese tiempo no había facilidades. Entre otras cosas en el pueblo no había bachillerato [...]. Algunas familias enviaban a sus hijos a estudiar a Sincelejo y Cartagena en donde sí había colegios de bachillerato.

En vista de mis anhelos por hacer algo productivo, Don Carlos Arturo Ballesteros, que era el inspector seccional de educación, me consiguió un puesto de maestra en Chaparral. Ya en ese tiempo Cayetano y yo nos habíamos hecho novios.

Margarita tenía catorce años cuando empezó su relación con el apuesto descendiente de napolitanos, Cayetano Gentile Chimento, de veinte años, estudiante de Medicina y miembro de la familia más rica de Sucre-Sucre. Vivía con su madre, doña Ermelina Salas viuda de Chica, sus hermanos Víctor, José Joaquín y Remberto, y sus hermanas menores, Ermelina y Adela. Era muy hermosa, según recuerdan las hermanas García Márquez, y la suya era una familia de medios modestos pero respetable. Su padre, quien había muerto de un problema renal cuando ella era una niña, había sido recaudador de impuestos y dueño de una moledora de café. Sus hermanos seguían vendiendo café molido y tenían lanchas con las que se dedicaban al comercio de pescado.

Margarita hablaba de su primer noviazgo como un amor «espontáneo y hermoso», celebrado por la madre de Cayetano, de cuyas manos Margarita recibía las cartas que el hijo enviaba en un mismo sobre para las dos. Habían estado juntos por dos años acogiéndose a los protocolos de la época, cuando sucedió el encuentro prohibido. «Él no lo hizo por deshonrarme», decía, «y yo tampoco lo hice por maldad [...], era una niña cuando cometí el error». «Terminamos porque él se fue por segunda vez a Bogotá y los amores, no me explico por qué, se enfriaron. La distancia fue determinante para que termináramos». Su mayor error, según Margarita, había sido callar lo sucedido, pues de habérselo confiado a la madre de Cayetano, los habrían hecho casar y su suerte habría sido otra, «no me hubieran reducido en la forma en que me han reducido».

Dos años más tarde, viajando en una lancha con su familia hacia otro pueblo, Margarita conoció a Miguel Reyes Palencia y, tras varios meses de noviazgo, aceptó casarse con él. «Porque lo quería», decía en la entrevista, y de lo único que se arrepentía era de no haberse sincerado con nadie en la víspera de su boda. La entrevista registraba igualmente el horror de Margarita cuando se enteró de la muerte de Cayetano, y su salida del pueblo bajo el efecto de los calmantes que su familia tuvo que administrarle. Resumía además su vida más allá de la tragedia, esos treinta años de anonimato y trabajo honesto que creía que la habían vindicado hasta la mañana en que se encontró a sí misma en la nueva revista *Magazín al día* entre «tanta mentira, tanta infamia, tanta falsedad». Animada por su abogado y sus amigos, se había decidido a buscar a un periodista de un medio respetable, *El Espectador*, porque «han dicho tanta mentira, y la humanidad tiene que conocer la realidad mía, lo que yo he sentido, cómo he visto las cosas». Hablaba también con el propósito de que «poniendo a Dios como testigo, se despejen todas las dudas, porque nadie más que yo sé con quién cometí ese error».

Aún no me explico por qué, de todos los artículos que circularon en aquel entonces, este es el menos conocido. Ninguno de los reportajes en la cadena antes ilustrada cita el testimonio de Margarita. Su desconocimiento no parece haber sido involuntario. En el especial de Caracol Televisión sobre la visita de Miguel Reyes Palencia a Sucre-Sucre pocos meses antes de su muerte, aparecen las mismas fotos que Blas Piña tomó y publicó con la entrevista de Margarita. El narrador de *Así fue el retorno de Bayardo San Román* ilustra con esas fotos la «confesión» tardía que, según Miguel, la esposa le hizo en privado sobre su relación con Cayetano, omitiendo por completo que Margarita hizo públicamente esa misma declaración para uno de los periódicos más respetados en la Colombia de su época. A juzgar por los 1,3 millones de visualizaciones registradas entre octubre y noviembre de 2021 del citado reencauche en Facebook del reportaje de *Los Informantes,* la historia de Margarita sigue siendo un éxito mediático. De igual manera, sigue operando el pacto tácito orquestado no solo para desmentir su palabra en la novela sino para silenciar su voz en la realidad.

Margarita dio un segundo testimonio público, aún más enterrado que el primero. Se trata de una declaración juramentada ante el Juzgado Primero Penal del Circuito de Sincelejo, brindada en junio de 1981 con ocasión de su demanda contra la revista *Magazín al día.* Allí se aclaran otros detalles sobre el encuentro que *Crónica de una muerte anunciada* había recreado como imposible. Conminada por el juez a explicar «concretamente, ¿qué sucedió entre Cayetano Gentile y usted?», la demandante habló de un sábado de 1948 cuando Cayetano la había invitado a la finca Génova. La finca, como siguen recordando en Sucre-Sucre, estaba estratégicamente localizada a medio camino entre la escuela de Chaparral, donde enseñaba Margarita, y el pueblo. El novio la había enviado a buscar diciéndole «que su mamá me mandaba a invitar para que fuera allá y como yo había ido en otras ocasiones invitada por ella, fui y pasé el día con él en la finca y ahí fue donde él me perjudicó, y perdí mi virginidad».

Blanca Guerra de Sebá, amiga íntima de Margarita a quien entrevisté en Sincelejo, recuerda todavía que después del escándalo de la novela, Margarita le habló de ese encuentro, de su confusión al verse a solas con Cayetano, de su temor tras lo sucedido y del origen de su silencio, un requerimiento del novio, quien le prometió que se casarían en cuanto él regresara en las próximas vacaciones:

—Ella lloraba mientras Cayetano le insistía en que no comentara nada, que no quería que su mamá se enterara. Cuando llegó a su casa, muy perturbada, la mamá le preguntó qué le pasaba, pero Margarita no fue capaz de decirle nada.

En su declaración ante el juez, Margarita agregaba: «Cuando él me desfloró yo tenía la edad de dieciséis años». El mencionado enfriamiento de la relación se tornaba, en la declaración jurada, en algo más cercano a una evasión por parte del novio: «Después de ese tiempo seguimos los amores, pero a su ida para Bogotá se empezaron a enfriar, ya no me escribió con tanta frecuencia y en las últimas vacaciones él no volvió a Sucre, sino que volvió a finales de enero, o sea cuando tenía que regresar de nuevo a Bogotá».

Margarita aclaraba igualmente en sus testimonios varios asuntos sobre su relación con Miguel. En la entrevista para *El Espectador* contaba los inicios de su noviazgo. Margarita evocaba su primer encuentro con Miguel en una lancha con una nostalgia no exenta de ironía: «Se me presentó como un viajero soñador, romántico y ambicioso, dedicado al comercio. Después lo encontré varias veces en la calle o a orillas del muelle cuando en las tardes salíamos a ver cómo se despedía el sol al otro lado del río. Cuando ya nos conocíamos un poco, un día fue a mi casa. Otro día volvió y otro y otro, hasta que nos hicimos novios». En contraste con lo novelado, agregaba que nadie la obligó a casarse. Por el contrario: «Mi familia no era gustosa, especialmente mi mamá; sin embargo, no imponía su voluntad». La resistencia familiar era de esperarse, dado el rumor de que Miguel tenía mujer (Enriqueta Obregón) e hijos en otro pueblo. En todo caso, Margarita se había casado por amor y sin ponderar las terribles consecuencias de su pasado.

En su segundo testimonio, Margarita refutó además el relato de Miguel y, sin saberlo, el de la novela, sobre la noche de bodas y las horas que sucedieron a la revelación de su secreto. El ultraje del que Miguel se ufanaba en las entrevistas y en sus declaraciones posteriores, según Margarita, no sucedió: «Porque él no me maltrató en ninguna forma, ni en palabras ni con hechos. Esa noche de la boda nosotros tuvimos relaciones sexuales, cuando él se dio cuenta de que no estaba virgen me dijo, "Margarita, ¿por qué hiciste esto?". Y entonces yo me puse a llorar, y él me preguntó que quién había sido y yo le dije que Cayetano Gentile». Margarita misma había llamado a su mamá a la escena, pues estaban en casa de su familia. Miguel se lo había dicho a la mamá, y ella se lo había repetido a su hermano Víctor un rato más tarde. Por insistencia del juez, Margarita aclaraba que todo esto había sucedido en la madrugada del 21 de enero, pese a que el matrimonio había sido el día anterior, porque la noche del 20 de enero Miguel se emborrachó y se quedó a dormir en un hotel cerca de la casa, volviendo a buscarla para almorzar al día siguiente antes de seguir tomando hasta la medianoche.

Entre las injurias publicadas por *Magazín al día*, Margarita subrayaba:

Lo que dicen de mi mamá, en el sentido de que ella instó a mis hermanos a cometer el delito; lo que dicen de mis hermanas Hermelina [sic] y Adela, en el sentido de que ellas me aconsejaron que le untara a las sábanas mertiolate para que pareciera sangre, siendo ellas unas niñas; lo que dicen del señor Lizarazo en el sentido de que él fue quien me desfloró, cuando eso no fue cierto, porque fue Cayetano Gentile; [y] sobre todo habernos identificado con los títulos: «Personajes en la novela» y «Personajes en la vida real» comparativamente; y por último haber publicado hechos calumniosos de nuestra corta vida sexual o conyugal entre Miguel Reyes y yo, lo que hizo en su edición N.º 3 del 12 de mayo de 1981.

Margarita aclaraba finalmente que no había leído la novela, y que su demanda se refería a la revista dirigida por María Elvira Mendoza porque fue *Magazín al día* el medio que la identificó con Ángela Vicario.

Junto a la entrevista con Margarita, el artículo de Blas Piña para *El Espectador* incluía una conversación con José Joaquín Chica, quien contaba su propia versión de la mañana del crimen. En ella señalaba que solo Víctor había acuchillado a Cayetano y que no hubo concertación, pese a que él había optado por entregarse con su hermano. José Joaquín había oído a Víctor gritar el nombre de Cayetano desde su cama en la casa familiar y, deduciendo de lo que se trataba, había salido detrás del hermano por otra ruta y sin armas.

Cuando regresaba por el callejón que comunica al caño de La Mojana con la plaza de Sucre vi un tumulto frente a la residencia de los Gentile y escuché una voz que dijo: «¡Fue Víctor Chica!». Sabiendo lo que había ocurrido con mi hermana y pensando que algo le pasaba a Víctor, salí corriendo hasta la tienda de la niña Herminda Barrios, en donde cogí un cuchillo de muestra y le pregunté: «Cuánto vale, niña Herminda», dieciocho pesos, me respondió. Le tiré un billete de veinte y no esperé vuelto. Cuando llegué al tumulto nadie me vio porque todos estaban pendientes del muerto. En ese preciso momento salía de su casa la mamá de Cayetano, y como había llovido me resbalé y tropecé con ella. No recuerdo si le lancé algún improperio. Víctor salió del tumulto con el cuchillo en la mano y me dijo casi llorando: «¡Juaco, me desgracié!». Abrazados y sin pensarlo dos veces nos entregamos, con los cuchillos en la mano, al cabo Ochoa de la policía. El error mío fue haberme entregado sin haber intervenido, pero llevaba un cuchillo en la mano.

Víctor había confirmado la versión sobre la ausencia del hermano durante el juicio del crimen, y reiteraba su inocencia en la declaración juramentada que dio para la demanda contra *Magazín al día* en 1981. El hermano mayor desmentía a su vez el asunto de la espera y las conversaciones previas al suceso, «el tiempo transcurrido desde la casa residencia de mi madre hasta el momento de los hechos fue de muy pocos minutos y es falso que estuviera mi hermano Joaco, porque yo salí solo de mi casa [...] presumo que él llegó unos minuticos más tarde».

Desde el momento en que se entregaron a la justicia, los hermanos argumentaron haber actuado en defensa del honor y bajo «ira e intenso dolor», circunstancias atenuantes a la pena contempladas en el código penal vigente, el de 1936. Las ofensas relacionadas con la sexualidad de las mujeres de la familia ocupaban un lugar prominente entre las posibles consideraciones a favor de los violentos defensores de su hombría. Así me lo hicieron notar Olga e Irina, las amigas abogadas que me acompañaron a Sucre-Sucre. Durante una de nuestras paradas en el recorrido, me leyeron de viva voz, de una fuente en internet, las «disposiciones comunes» a los delitos de «homicidio» y «lesiones personales»:

Cuando el homicidio o las lesiones se cometan por el cónyuge, padre o madre, hermano o hermana contra el cónyuge, hija o hermana, de vida honesta, a quienes sorprenda en ilegítimo acceso carnal, o contra el copartícipe de tal acto, se impondrán las respectivas sanciones de que tratan los dos Capítulos anteriores, disminuidas de la mitad a las tres cuartas partes.

Lo dispuesto en el inciso anterior se aplicará al que en estado de ira o de intenso dolor, determinados por tal ofensa, cometa el homicidio o las lesiones en las personas mencionadas, aun cuando no sea en el momento de sorprenderlas en el acto carnal.

Cuando las circunstancias especiales del hecho demuestren una menor peligrosidad en el imputado, puede otorgarse el perdón judicial y aun eximirse de responsabilidad.

De modo que la ley amparaba la defensa de los hermanos Chica. En una carta que escribieron desde la cárcel, citada por el reportaje de Blas Piña para *El Espectador*, los hermanos le habían reiterado a Margarita su certeza no solo de haber cumplido con su deber sino de haber actuado por amor a ella. «Adorada hermana», decían, «quisiéramos tener el poder de guardarte en nuestros corazones para que nadie ose hacerte daño. Pero ¡ay del que se atreva a tocarte siquiera una hebra de tus cabellos!». En el reportaje de Piña se narraba igualmente el retorno de los Chica a la casa de la familia tras el año que duraron a la espera del juicio en la cárcel de Cartagena; un reencuentro tierno en el que Víctor y José Joaquín llenaron a Margarita de besos tras sacarla del cuarto donde ella, aún intimidada, se escondía. Su hermana los describía como hombres nobles, «sin problemas, excepto el caso de hace treinta años», que desde entonces vivirían «siempre con la cabeza en alto». José Joaquín agregaba que, tras su participación en el suceso, habían vuelto a la «vida honesta» que antes llevaban, hecho felices a sus esposas y criado a sus hijos «dentro de unos moldes de rectitud moral».

Las palabras de los hermanos en la carta mencionada eran también una especie de sentencia contra la vindicada que, aunque la eximía de culpa por el acto sexual, reiteraba el dominio de su familia sobre el cuerpo y la sexualidad de Margarita. Esa sentencia habría de cumplirse desde entonces bajo la vigilancia de las hermanas menores, Ermelina y Adela, que, una vez separadas de sus propios esposos, criarían a sus hijos junto con Margarita.

Las tres fundaron el taller de costura donde la mayor se consagraría como una respetada bordadora.

En la entrevista, Margarita se refería a su oficio como un renacimiento después de la tragedia:

Mi vida, de 30 años para acá, ha transcurrido en esta forma: de Sucre nos vinimos para Sincelejo. Aquí alquilamos una casa. Una prima que conocía que yo sabía bordar me impulsó para que desarrollara esa vocación. Lo hizo porque en esos dos primeros años yo pasaba encerrada llorando y todos mis hermanos y hermanas trataban de consolarme de alguna manera. Reinicié el trabajo del bordado y un día recibí la gran noticia de que una joven a quien le había bordado un vestido de matrimonio se había casado. Ese día me sentí feliz. Después me ha tocado bordar docenas de trajes de matrimonio.

La diseñadora insistía en esta vocación como una oportunidad de reparación, sin ignorar su ironía: «Fíjese usted lo que son las ironías de la vida. Docenas de jovencitas de Sincelejo han ido al altar con mis consejos al alma, mis asesorías a su imagen y mis bordados». Dicha asesoría no se reducía a los vestidos: «Yo creo que Dios me ha escogido para realizar una obra, porque me he convertido en consejera del bien. Algunas personas que no habían arreglado su situación han recibido mis consejos y han ido al matrimonio después de estar en unión libre».

Del mismo modo, Margarita se enorgullecía de haber podido comprar la casa donde funcionó el taller, ayudada por el que fue, quizás, el único golpe que la suerte dio a su favor: ganarse unos quintos de la Lotería de Bolívar.

En contraste con el retorno al matrimonio que la novela le había deparado a Ángela Vicario, ante las preguntas de Blas Piña sobre su elección de no volver a casarse, Margarita decía que había sido «más que todo por el gran cariño y respeto que yo le tenía a mis hermanos. Yo quería, con mi comportamiento honesto, dignificarme ante Dios y ante ellos. Porque para mí ellos valen más que todas las cosas de este mundo. Ellos y madre».

La trampa implícita en la redención que aquella entrevista parecía ofrecer a Margarita fue cuestionada en una columna de María Teresa Herrán, «Ocurrencias», publicada días más tarde también por *El Espectador*. Herrán respondía a la cadena de artículos que cubrieron «los hechos» detrás de la novela de García Márquez, denunciando el espectáculo en el que se había convertido la tragedia de los personajes reales reportaje tras reportaje, y la persistencia de los valores «degradantes para la mujer» que, después de treinta años del evento original, seguían emergiendo en su cubrimiento. De la supuesta dignificación de Margarita acusaba la tendencia, desde Eva, de «aniquilar a la mujer estimulándole los complejos de culpa». De los hermanos y su acto de «amor» subrayaba «el más aberrante egoísmo de matar por el propio orgullo sin pensar en las consecuencias para la hermana». En cuanto al esposo, y su defensa del derecho a devolver a la novia en la entrevista dada a *Magazín al día,* cuestionaba no solo la violencia que Miguel Reyes afirmaba haber ejercido contra Margarita sino la «irresponsable cobardía» de haber puesto en manos de otros la venganza de la ofensa en cuestión. Su crítica se extendía a la doble moral del pueblo novelado, que no solo había sido cómplice de una muerte, sino que le había hecho «pagar a ella un pecado que no había cometido». La columnista remarcaba en últimas los valores persistentes en el mundo de los lectores del libro y su saga, «en el que la mentira y el miedo se disfrazan con los artificiales encajes del amor, del respeto, de la honra, de la dignidad».

También yo leí con suspicacia el tono vindicatorio con el que, con las mejores intenciones, el reportero revistió la entrevista de Margarita. Pero lo que a mí más me impresionó de ese relato fue reconocer la ironía de que, desde la profunda devoción que había desarrollado en su vida adulta, esa mujer hubiera encontrado el consuelo del perdón, empezando por el más difícil de los perdones para las mujeres: el que se otorgó a sí misma. Hablaba una Margarita madura y sabia, orgullosa de lo que había amasado con su carrera en el bordado, de haberle podido dar una vida cómoda a su madre y de haber asumido el rol de consejera para jóvenes y parejas en el barrio y su parroquia. Me sorprendió asimismo la afirmación de su elección de no volverse a casar. Ante la insistencia del periodista en preguntar si se sentía «más tranquila que si se hubiera unido a otro hombre», Margarita contestó:

Tranquila no, sino sumamente feliz, feliz de vivir como vivo, porque estar sola sin marido es motivo de orgullo para mí. Si me hubiera unido a otro hombre hoy me sentiría apenada ante mis propios hermanos.

Aunque Margarita reconocía la responsabilidad de haber callado lo sucedido con Cayetano durante su relación con Miguel, no aceptaba la culpa que la sociedad, y el novelista, le endilgaban en la consumación y en la muerte de su primer amor:

De lo que yo me arrepiento es de no haber sido sincera conmigo misma para no tener relaciones en esa situación con este señor [Miguel]. Ni siquiera fui sincera con mi mamá, a quien debí contarle la verdad, o a una amiga, o a una confidente que me orientara. He tratado de recordar con precisión aquella época, de desentrañar lo mínimo y explicarme por qué actué así.

Margarita identificaba además a sus legítimos testigos. No a aquellos que vieron y juzgaron los errores de la niña del pueblo, sino a los amigos y vecinos de la mujer que ella había hecho de sí misma en «esos 30 años [en que] me he dignificado ante Dios, ante mi familia y ante la humanidad».

Casi cuarenta años después de esa entrevista, en una de nuestras conversaciones sobre Margarita, Blas Piña insistiría en la negativa de su entrevistada a reconstruir su vida amorosa con una nueva pareja.

—Margarita fue más leal a sus hermanos que a sí misma —me dijo en junio de 2021—. Era como si, de cierta manera, aprobara las restricciones que las hermanas pusieron sobre su vida. Asumió su culpa y quiso expiarla acatando las restricciones que le imponían sus hermanos. Se cuidaba mucho de salir con alguien o de tener una relación.

No obstante, Blas sería el primero en confirmarme que el rumor sobre el retorno de los esposos en la realidad, hallado en el epílogo de García Márquez que detonó mi investigación, era parcialmente cierto. El cerco que Margarita había admitido en torno a su cuerpo no excluía a su esposo ante la Iglesia. Pues, en palabras de Blas Piña, ni el dolor ni el castigo «habían cercenado la capacidad de amar de Margarita».

Margarita había vuelto a encontrarse con Miguel ocho años después del rechazo que condujo a la muerte de Cayetano Gentile. Así lo confesó ella misma en la declaración jurada para el caso contra *Magazín al día,* donde habló de la continuidad de sus amores y desmintió las declaraciones de Miguel en la entrevista que otorgó al mismo medio. En cuanto a la afirmación de que la esposa devuelta lo había ido a buscar y a pedirle dinero a Barranquilla, Margarita replicaba que «eso es una solemne mentira. Porque jamás ni a él ni a nadie le he expuesto mis problemas económicos, inclusive ni a mis hermanos, porque yo vivo sin lujo pero lo que gano me alcanza para vivir». Cierto era, en cambio, que se escribían cartas:

[…] porque nosotros nos reconciliamos hace unos 22 años y de un año para acá, tengo como tres cartas de él. Él venía aquí a Sincelejo y se hospedaba en el Hotel Mayestic, y no tuvimos relaciones sexuales en ese lugar, sino hace 22 años, cuando nos reconciliamos y él me había prometido que conviviríamos en Valledupar.

Judith Ponnefz, una de las asiduas clientas y amigas de Margarita, a quien entrevisté en Sincelejo en 2021, recuerda todavía ese primer retorno:

—Él llegó a su casa a buscarla, con la intención de sacar plata, intentar volver con ella y volver a entusiasmarla. Hizo la visita y la llenó de ilusiones. Pero él vino solamente para hacerle la maldad. Porque ella como que quiso mucho a ese señor.

Para entonces, Miguel Reyes vivía con la madre de sus doce hijos, Enriqueta Obregón.

«Mis lágrimas de agua se convirtieron en lágrimas de fuego», le diría Margarita a Judith sobre aquel reencuentro.

Cuenta Blas Piña que cuando le hizo la entrevista a Margarita no sabía de esa relación. Poco después de su publicación en *El Espectador*, Miguel Reyes lo llamó a felicitarlo y a ofrecerle que lo entrevistara también a él. *El Espectador* rechazó la oferta, pero Miguel no desistió en su afán de usar al periodista para sus propósitos. Desde 1982, y por cuatro años consecutivos, Blas Piña recibió unos telegramas extraños que, según el mismo Miguel le explicaría, iban destinados a Margarita en sus cumpleaños. Fue así como se enteró de que los esposos habían seguido viéndose y que, dolida por las declaraciones públicas de Miguel, Margarita había dado por concluida la relación. Más tarde lo perdonaría y, pese a la vigilancia redoblada por su familia, persistiría en su romance clandestino con aquel hombre del que jamás se divorció.

Blas Piña recuerda igualmente las sesiones en la terraza de la casa de las Chica, donde Margarita le contaba sus cuitas con Miguel, en susurros, para que no escucharan las hermanas. Un tema recurrente era la obsesión del esposo con que se fueran juntos a Europa a vender su historia, a lo que Margarita se negó una y otra vez, tal como se había negado ante los medios que la acosaron al descubrirse su identidad. A finales de los noventa, durante una de sus visitas a Sincelejo, Miguel llamó a Blas Piña y le pidió verlo en un hotel donde lo encontró agarrado de la mano con Margarita cual novios adolescentes.

Según Judith Ponnefz, el retorno de Miguel, y su traición, amplificada por sus declaraciones públicas, fue el dolor más grande que vivió Margarita:

—Yo creo que sufrió más con su regreso que cuando la dejó la primera vez.

De modo que la «historia secreta de un amor terrible» no fue mera ficción, si bien García Márquez se inventó un final feliz que no ocurrió. ¿Conocía Gabo el rumor sobre el romance clandestino de los esposos, o fue ese final, como lo creyera su hermano Jaime, otra expresión de su prodigiosa capacidad de hacer coincidir la realidad con la ficción? No puedo establecerlo con certeza. Contrario a lo novelado, García Márquez no habló con Margarita antes de escribir el libro. De haber conocido ese secreto, la fuente más probable habrían sido sus hermanas, Margot, Aída, Ligia y Rita, quienes, según me confirmó Aída, estaban al tanto del rumor, y atribuían el retorno de Miguel a la noticia de que Margarita se había ganado una fracción de la lotería. En mis entrevistas con Aída y Margot, ambas negaron que Gabo conociera el rumor, al menos por ellas. Pero las hijas de Rita, una de las cuales lo había oído directamente de Margarita, no dudaban de que, de haberlo sabido, Ligia se lo habría contado.

Para cuando Blas Piña me confirmó en 2017 el retorno de los esposos, se había prometido a sí mismo no escribir más sobre Margarita. Lo inhibía, entre otras cosas, el pudor de revelar verdades que pudieran ser usadas para exponer aún más la dignidad de una mujer a quien apreciaba. No obstante, había intentado reparar su deuda con la historia de Margarita compartiéndola, no solo conmigo, sino con un periodista japonés que había llegado también a Sincelejo buscando los hechos detrás de *Crónica*, poco después de la muerte de Margarita. No recordaba su nombre, pero conservaba retazos de la traducción de un artículo de prensa escrito por él.

A finales de 2020, supe por fin que aquel periodista se llamaba Akio Fujiwara, cuando encontré una reseña de un corresponsal colombiano en Japón, Gonzalo Robledo, que anunciaba con trece años de tardanza la publicación de su libro sobre Margarita Chica Salas, titulado *La mujer sepultada por García Márquez*. Por los caminos de Twitter hallé al autor de aquel documento póstumo sobre la vida de Margarita que aún no se traduce al español.

Conocí a Akio vía Zoom un domingo de enero en el segundo año de la pandemia. En el primero de nuestros encuentros, me contó su propia historia de transformación de ingeniero a periodista, y cómo había ido a parar, con ayuda del que fuera su profesor de español, a los pueblos del Caribe colombiano. El joven

Fujiwara había leído a García Márquez en sus años de estudiante, y el mundo retratado por el escritor había sido inspiración para aprender español y hacerse corresponsal en Latinoamérica. Cuando supo que *Crónica de una muerte anunciada* se basaba en un hecho real, se obsesionó con rastrear a la protagonista cuya violenta historia de amor lo había fascinado desde el primer momento. En nuestra primera conversación prometió enviarme su libro, que yo me propuse traducir con ayuda de Mr. Google y Mrs. Word, pero tuve que esperar durante cuatro semanas de angustia porque, justo cuando Akio lo había rescatado de las manos de su editora, se contagió de Covid y fue hospitalizado por complicaciones respiratorias. No sé cómo, pero se salvó, y con él mis ilusiones de conocer por fin la vida de Margarita más allá de la imaginación de García Márquez.

Por el libro supe que Akio había escrito una carta a Margarita contándole de su interés por su historia, que ella jamás contestó, pero que fue respondida con una postal de agradecimiento por una sobrina a la muerte de su tía. Animado por ese gesto, el periodista se decidió a viajar a Sincelejo, donde conoció a una hija de Víctor, Gloria, quien murió de un cáncer, mal que se llevó a varios miembros de su familia, según me enteré después en el documental de los *5 ignorantes*. En Sincelejo, Akio conoció también a Blas Piña y a Blanca Guerra de Sebá, quien me confirmó tras una década casi todo, y más, de lo compartido con aquel periodista lejano.

Akio se había aventurado además hacia Sucre-Sucre, donde encontró a varios testigos vivos. Así oyó hablar del rumor sobre la relación entre Margarita y Cayetano, revivido en el pueblo cuando empezó el noviazgo entre ella y Miguel. Contaba un antiguo amigo de Margarita que a Miguel, quien ya sabía del noviazgo de su prometida con Cayetano, le llegó también la noticia de que habían tenido relaciones sexuales, al parecer por medio de un pasquín. Según la misma fuente, cuando Miguel confrontó a Margarita, ella le contestó con evasivas: «La noche de la boda te convencerás». Ni el aparente nerviosismo de la novia, ni el hecho de que no invitara a las mejores familias del pueblo a la boda, pasaron desapercibidos en la víspera del evento, y a nadie le extrañó comprobar que Margarita no era virgen cuando se supo que Víctor había matado al antiguo novio de su hermana. De modo que el contexto que llevaría al crimen fue de alguna manera «anunciado», pese a que ese día fueron pocos los que se enteraron a tiempo para asistir al asesinato de Cayetano.

Pese a las limitaciones de mis traductores electrónicos y los problemas de interpretación intercultural que Akio mismo había tenido que saldar, no me quedó duda de su intención de vindicar a aquel «juguete de la realidad y de la ficción». Aprecié asimismo la sinceridad con la que el autor reflexionó sobre su propia masculinidad, y sobre el tabú de la virginidad en la cultura japonesa, más afín a la caribeña de lo que yo creía posible. Cerca del final, especulando sobre el hábito de fumar que Margarita llevaría al extremo en la última etapa de su vida, Akio proyectaba una luz de duda sobre el lúgubre cuadro sugerido por el título de su libro. No obstante, me quedó la sensación de que a ese retrato le faltaban la esperanza y la tenacidad de una mujer que, después de todo, les había apostado al amor, al trabajo y a la vida. De un modo inexplicable, Akio no citó tampoco el testimonio directo de Margarita, ni había encontrado, o seguido, la pista de su relación con Miguel.

En sus años postreros, Margarita tuvo problemas de la vista y, con ellos, disminuyó su capacidad para bordar. Murió de un paro cardíaco ligado a un cáncer en el pulmón el 15 de mayo de 2003 a la edad de setenta y un años. La nota del periódico *El*

Tiempo que despidió a la «novia devuelta», ignoró una vez más su testimonio. En «Murió Ángela Vicario» se insistía en el secreto que nunca reveló, y en la autoridad de García Márquez sobre el relato de su vida:

> Con el cabello blanco y arrugada por los años y sin haber revelado jamás la verdadera historia de su vida, Margarita, quien tenía 78 [71] años, abandonó este mundo ayer en horas del mediodía, luego de padecer serios quebrantos de salud por más de un año. Sus amigos la recuerdan como una persona alegre, jovial, colaborad[or]a, complaciente y muy querida. Sus últimos años los pasó al lado de su sobrino José David Ramírez Chica. Dimas Monterrosa, vecino de más de 40 años, recuerda haber admirado siempre la belleza de esta mujer porque pese a su baja estatura siempre fue elegante. Esta sucreña de nacimiento, pero sincelejana de adopción, residió en la capital por más de 40 años, se dedicó desde muy joven al bordado y a la modistería, los cuales abandonó hace más de 5 años por problemas visuales. De su vida privada, luego del relato de la novela de Gabo, poco se sabe. Algunos dicen que se casó nuevamente pero que no tuvo hijos. Sus familiares han mantenido un hermetismo absoluto sobre la vida de Margarita.

Era marzo de 2021 cuando terminé de leer el libro de Akio y la «verdadera» Margarita seguía siendo para mí inaprehensible. Desde mi encuentro con el manuscrito inédito de García Márquez, había escrito un ensayo académico sobre los equívocos detonados por la novela, pero sabía que la historia de Margarita no podía contarse con el lenguaje de la crítica literaria. Una serie de obstáculos que parecían insalvables habían pospuesto la tarea de descubrir el velo mantenido sobre su historia. No hallaba cómo salvar la distancia temporal con el evento original, la muerte de sus testigos o el hermetismo de la familia. Aunque las restricciones a los viajeros estaban disminuyendo, seguía además reticente a planear otro viaje de investigación a Colombia en tiempos de pandemia. Comenzaba a considerar el recurso de «inventármela» vía la ficción, cuando el aniversario número cuarenta de la novela me inspiró a preparar otro artículo, esta vez para una revista literaria. Desde que empecé a escribir, no pude parar. Fue así como me descubrí navegando un torrente en el que yo misma, como investigadora, era personaje, y entendí con alegre angustia que había encontrado el tono para escribir lo que se convertiría en este libro.

En junio de 2021 me decidí a hacer un viaje urgente con mi madre a Colombia, para darle un último abrazo a mi abuelita, quien por suerte pudo darse el lujo de morir de vieja y rodeada de su gente en esta era de tanta orfandad. El zumbido de las muertes por Covid, las cumplidas y las que quedaban por venir, taladró mis oídos con tanta intensidad que, a mi regreso, no solo no paré de vomitar en los vuelos, sino que tardé días en superar los mareos en tierra firme. El viaje de investigación tendría que ser pospuesto hasta que las vacunas le cogieran el paso a la carrera de la muerte.

Entretanto, la historia de Margarita se me había vuelto una obsesión. Como imagino haciendo a García Márquez, empecé a contársela a mis amigos, estudiantes, colegas y hasta a mi peluquera. Seis semanas después de mi retorno de aquel viaje turbulento, me preparaba para dar una conferencia virtual cuando fui a dar en la silla de Julia, una deidad rubia, sabia y sin edad que la vida me regaló cuando ya llevaba diez años en Maine y aún esperaba mis idas a Cartagena para cortarme el pelo allá. En el primer invierno de la cuarentena, cuando tanto a mi mamá como a mí empezó a caérsenos el cabello, la serenidad de esa mujer me había devuelto la certeza de que mi cuero cabelludo estaba sano, aunque mi cabeza diera vueltas, y de que ni nosotras, ni las miles de mujeres somatizando su ansiedad en el mundo, nos íbamos a quedar calvas. Entre champús y tijeras, le resumí en lo que andaba como quien cuenta un chisme, saboreando su visible entusiasmo. Al terminar, me confesó con algo de pudor que ella no era una lectora, pero que, de serlo, le encantaría leer esa historia. Le hablé entonces de mis dificultades para reconstruir el cuadro de Margarita.

—*What about the clients?* —me preguntó, con sus ojos brillantes y expandidos, y agregó mientras yo la miraba en vilo—: *Can you find the women that she dressed?*

Solo para quien ha vivido la intimidad que surge entre las artistas de la belleza y quienes acudimos en busca de sus dones, podía ser tan evidente lo que yo no había podido ver. Fue así como empecé a planear otro retorno al Caribe colombiano, esta vez en busca de las mujeres vestidas por la modista más cotizada de Sincelejo, sus clientas y amigas. Pero antes de volver a esa parada de lo vivido, retornaré por última vez al camino de la memoria, para contar lo que me enseñaron de esta historia las mujeres de la familia García Márquez.

9. Crónica de una memoria familiar: las García Márquez

Mi mundo se había empezado a encoger desde que me había decidido a estudiar a García Márquez, tras años de rehusar la idea. Lo había leído desde mi temprana adolescencia y me fascinó desde el primer momento, pero para cuando empecé a estudiar formalmente literatura, bajo el peso de su nombre en la Universidad de Cartagena, ya estaba un poco desencantada del mundo narrado por los hombres. Elegí, en cambio, iluminar a las tremendas escritoras oscurecidas por el «culto» a la obra y la figura de ese gran padre, ahora más bien abuelo, de las letras latinoamericanas. En mi libro anterior he contado cómo me impactó reconocer la ubicuidad de los amores de ancianos hacia niñas y púberes durante mi relectura adulta de la obra de un Gabo al que aún idealizaba. Mi experiencia como profesora de literatura me deparaba otra revelación, la del impacto universal de ese escritor cuyo mundo me había resultado siempre tan inmediato, tan «obvio». Por supuesto entendía que García Márquez era una figura global, pero atestiguar la reacción de sus lectores extranjeros a ese mundo tan lejano al suyo alimentó mi curiosidad por comprender, sobre todo, cómo había logrado ejercer su inmenso poder de seducción y convencimiento.

Del mismo modo, en mis clases me fui dando cuenta de que la excepcional habilidad de García Márquez para hacer sentir a sus lectores cercanos, pese a la diferencia cultural, constituía un puente útil para abordar, en una lengua franca que atravesaba fronteras lingüísticas, mis propias obsesiones. Resultaron no ser tan distintas de las de García Márquez. También a mí me intriga profundamente el poder, su injusticia y su violencia, su capacidad para engendrarse, mutar y regenerarse, excepto que yo estaba buscando respuestas más allá de sus expresiones rimbombantes —el conflicto político, la lucha de clases, la guerra, la compulsión hacia la destrucción propia y del otro—. Y que, a diferencia del propio escritor, yo podía ver tras las máscaras coloniales, republicanas o neoimperiales de las hegemonías de turno, además de su naturaleza capitalista, su condición patriarcal y racista. A fuerza de indagar en el anclaje del poder en nuestras conciencias, cuerpos y sentimientos, fui a dar con la necesidad de interrogar el amor, el gran tema de la segunda parte de la obra de García Márquez. Supe entonces que Gabo no había dejado de escribir nunca sobre el poder, solo que encontró una forma de suavizar una pulsión que empezaba a ser difícil de reconciliar en su obra y en su trayectoria personal. Hablo de la tensión entre la lúcida comprensión del escritor de la condición injusta del poder y la notoria fascinación que ejercía el poder en el hombre. En esa tensión puede explicarse el punto ciego de la crítica que hace García Márquez. Aunque el autor revela la violencia de las expresiones públicas del poder, no pudo entender el eje más íntimo de la complicidad de sus personajes con esa violencia, estratégicamente cultivada por un patriarcado milenario. No vio o no quiso cuestionar el rol que juega en su destrucción y la de los otros la obsesión de sus héroes por imponer su voluntad, empezando por controlar a «sus» mujeres.

Desde la muerte de Gabo había empezado a sentirme, además, acechada por su figura de otra manera. Era como si el universo hubiese decidido negarme la posibilidad de escapar a su presencia. Aún no había renunciado del todo a huir de su influencia el día en que mi reciente novio y futuro marido, Brian Banton, volvió de desenterrar su carro de una montaña de nieve en el *driveway* de su casa en Lewiston, Maine, y me contó de la conversación que acababa de tener con un vecino. No sé cómo vino a cuento aquello de su novia colombiana, pero el vecino, Mike, le contestó que él tenía también una colega colombiana.

—Una sobrina de García Márquez —le dijo—, el escritor.

Tan convencida estuve desde el principio de la inverosimilitud del caso que ni siquiera pedí los detalles. Meses después, Brian y yo recorríamos un almacén de artículos de cocina buscando regalos para su futura suegra, en preparación del que sería su primer viaje a Colombia, cuando nos cruzamos con el vecino. Mike no solo insistió en juntar a las dos colombianas, sino que nos dio el teléfono de su colega, María Mockler. Todavía no logro acostumbrarme al uso local de que las mujeres se cambien el apellido por el de los maridos, así que tras escuchar el nombre quedé convencida de que la tal María había timado al pobre Mike.

Para cuando Jaime García Márquez me confirmó la existencia de esa sobrina, durante el recorrido con mis estudiantes por las calles de Cartagena, yo estaba embarazada de mi primer hijo y mis prioridades se habían trastocado. Me cohibía, asimismo, algo de timidez, porque aquello de llamar a una desconocida para decirle «supe que eres la sobrina de un escritor famoso y por eso te quiero conocer», me parecía una grosería. De modo que estuve hablando de hacer esa llamada por más de un año, sin decidirme. Gracias a Dios, María Margarita Mockler, alias la Cundi, es menos tímida que yo.

Una noche, recién instalados en nuestra nueva casa, escuché a Brian hablar por teléfono mientras yo preparaba la cena. Recuerdo haber pensado, al escuchar ecos de su acento del otro lado de la línea, que sonaba como una amiga mía o, más bien, que sonaba como yo. Antes de que Brian me pasara el celular supe que no podía ser otra que la Cundi, quien había estado viviendo su propia versión del teléfono roto desde que su colega le contara de la existencia de una profesora universitaria colombiana en Maine, que, para más señas, estudiaba la obra de García Márquez. Cual si nos pusiéramos al día después de no habernos visto por un par de años, esa noche hablamos, sin exagerar, más de dos horas. Escuchar hablar a la Cundi es asistir a la culminación de un pacto genético. La genialidad para contar historias, y el goce en abrir el alma sin tapujos, es la firma infalsificable de los García Márquez. Fue así como supe que Mike se había enterado del parentesco poco antes de su conversación con Brian, cuando la Cundi había pedido permiso para asistir al funeral de su tío en México.

Cundi es una mujer tocada por la gracia, de calidez irreductible pese a sus veinticinco inviernos en Maine, desparpajada y de risa escandalosa para los oriundos de Nueva Inglaterra, tan acostumbrados a mirar con paternalismo, y desconfianza, a quienes «llevamos el corazón en la manga». Ha criado tres hijos en un pueblo llamado Lisbon, con el hombre que conoció en un baile en el Hotel El Prado en Barranquilla y que se le reveló a primera vista como la respuesta a sus veladas de adolescencia cantando rock en inglés con la guitarra en la mano. De vez en cuando el caserón de doscientos años en el que vivo, a veinte minutos de su casa, sufre la estampida de dos costeñas bailando salsa sobre sus tablones. Transportadas por la música nos despejamos de esa cosa pegajosa que se le va acumulando a uno en el cuerpo bajo las demasiadas capas de ropa y formalidad que los locales les heredaron a los ingleses. Ambas hemos estado aquí lo suficiente para reconocer que, una vez removidas las capas, esos osos polares son gente noble y genuina.

Aunque Cundi resplandece siempre, nada la hace brillar como hablar de su familia —de los fines de semana en la casa del barrio Manga con los abuelos y la legión de tíos y primos, tan ordinarios en sus lidias cotidianas, tan especiales en su lealtad mutua—. En medio de la afluencia del afecto, del vestido prestado o el par de zapatos heredado en momentos de necesidad, surge ocasionalmente el tío Gabito como un patriarca generoso, dichoso de complacer a la sobrina con la caja de Prismacolor soñados —no de doce sino de treinta y seis colores, insiste— o asegurando el mejor tratamiento médico posible para su madre. En el 2018 vi actuar a la tribu de los García Márquez, en medio de una crisis, a través de la Cundi. Su sobrina, Melisa Martínez García, hija de una de sus hermanas de padre a quienes Jaime crio como si fueran sus propias niñas, había sido secuestrada. Entre Colombia, México y los Estados Unidos, vía Facebook y WhatsApp, circularon la angustia y la esperanza por los cuatro meses que se alargó el rapto de Melisa, hasta que la unidad antisecuestro de la policía colombiana la rescató exitosamente. Para entonces, Jaime carecía de la memoria suficiente para experimentar ese dolor a plena conciencia.

Un día, almorzando en un restaurante vietnamita en Brunswick, Maine, le pregunté a Cundi, con algo de frustración, por la versión sobre los eventos de Sucre-Sucre que su tío defendía con vehemencia.

—¿Cómo puede ser que Cayetano Gentile sea «inocente» cuando todo el mundo sabe que fue novio de Margarita y que hubo algo entre ellos? Incluido tu tío Gabo, que lo insinúa en sus memorias.

Cundi cerró filas con su gente, reiterándome que, en las muchas conversaciones sobre el tema, todos sus tíos insistían en lo mismo. Mi hipótesis al releer la novela había sido que García Márquez creía sinceramente en la injusticia cometida contra su amigo. En eso estamos de acuerdo. Definitivamente no era justo morir por esa regla obtusa del honor blandida por los hermanos de la desvirgada. Según mi teoría, al reconocer que no todos sus lectores podrían compartir ese juicio exculpatorio, el escritor se habría dedicado a probar la injusticia por otra vía, inventándose la inocencia de Santiago y, en consecuencia, el misterio de quién era el «verdadero» autor de la deshonra de Ángela. Pero la convicción de Jaime, la Cundi, y su familia en pleno, me puso a dudar.

—La que se sabe ese cuento completo es mi tía Margot —me dijo la Cundi, confirmando mi intuición de que, de haber conocido el chisme del reencuentro de Margarita Chica Salas y Miguel Reyes Palencia, las fuentes de Gabo tenían que ser sus hermanas, no su amigo Álvaro Cepeda, como decía en el epílogo que se quedó por fuera de la novela.

—¿Por qué no hablas con ella? —me preguntó, haciéndolo sonar tan simple que me sentí acusada de negligencia. Ante mi perplejidad, agregó—: Ella vive con mi hermano Luis Carlos, y si quieres te arreglo una cita.

De modo que, cuando preparaba el siguiente viaje a Colombia, le escribí un mensaje a Cundi. Estaba por subirme al bus que solía tomar para ir al archivo de García Márquez en el Harry Ransom Center, cuando leí su respuesta:

—Pregunta Luis Carlos que si quieres hablar también con mi tía Aída.

Fue así como fui a dar en el verano de 2017, de nuevo, en mi segundo puerto en Colombia, Barranquilla.

La familia García Márquez salió de Sucre-Sucre diecisiete días después de la muerte de Cayetano, según me contó Aída García Márquez en nuestro encuentro, sesenta y seis años después, en Barranquilla. Huían, sugiere García Márquez en sus memorias, de la violencia política, telón de fondo en el que se había cuajado el «crimen atroz» contra su amigo, y por el que se habían además desviado las historias de amor de dos de las hermanas García Márquez, Margot y Aída misma. Huían, igualmente, de esos amores que Luisa Santiaga, en particular, no se había cansado de entorpecer desde que aparecieron en la vida de sus hijas mayores los dos Rafaeles: Rafael Bueno, el enamorado furtivo de Margot, y Rafael Peláez, el de Aída. Fue la madre quien montó la campaña para emigrar a Cartagena de Indias, concluida al fin tras la muerte de Cayetano.

Los romances truncados de las hermanas García Márquez emergen junto a las aventuras sexuales de sus hermanos entre los recuerdos de Gabo de la vida en Sucre-Sucre. En *Vivir para contarla* habla de aquel pueblo donde «los señores de la tierra se complacían en estrenar a las vírgenes de sus feudos y después de unas cuantas noches de mal uso las dejaban a merced de su suerte». También donde muchachos menos pudientes, como Gabo y Luis Enrique, podían valerse de las prostitutas o «escoger entre las [mujeres] que salían a cazarnos en la plaza después de los bailes».

Gabo relata igualmente sus propios esfuerzos por doblegar la terca oposición de sus padres a los noviazgos de sus hermanas y el contexto de esa resistencia: la férrea vigilancia de la reputación de las jovencitas de las familias decentes. Aunque el hijo mayor deja sentado que los líos de faldas de Gabriel Eligio contribuyeron al descontento de Luisa Santiaga con el pueblo, la memoria familiar de esa determinación remite la salida de Sucre-Sucre al ensañamiento contra la honra de las señoritas en los pasquines que proliferaron con la violencia bipartidista. Ese recurso, común en las pugnas políticas de la Colombia incipiente, había tomado entre los sucreños un curioso giro hacia la vida íntima, haciendo de su objeto favorito airear al sol matutino los enredos sexuales de las gentes de bien. La tensión suscitada por las amenazas anónimas a la honra de los enemigos era tal que Gabriel Eligio llegó a sacar un viejo revólver y advertir en público que estaría dispuesto a tomar represalias si alguien osaba decir algo en contra de sus hijas.

El recuento familiar de la oposición de los padres a los Rafaeles resalta la ironía de que el telegrafista y su esposa hicieran pasar a sus hijas por el mismo drama de los «amores contrariados» que les había tocado vivir a ellos —el que su hijo noveló en *El amor en los tiempos del cólera*—. Pero la reticencia de Luisa Santiaga a que sus hijas se casaran dentro de los límites de la cultura feudal de aquel pueblo revela un dilema más complejo. El incidente es recordado en el libro de su nieto, Gabriel Torres García, según el cual, entre los alegatos de la abuela, «la advertencia más recordada era: "El monte solo da espinas, y yo no quiero que mis hijas se casen por aquí"».

Una mirada veloz a la historia íntima del Caribe colombiano puede alumbrar el drama con el sexo, el amor y el matrimonio de las García Márquez y de Margarita. Lo que se jugaba una mujer al elegir o aceptar el asedio de un hombre en esa época era, por supuesto, su lugar en la economía sexual patriarcal, cuya tradicional división entre las mujeres sexualmente disponibles y aquellas dignas del matrimonio era una línea tenue para las familias de recursos medios o escasos. Hay más. Los dirigentes de la nueva nación llevaban más de un siglo tratando de abolir la variedad de asociaciones íntimas que se habían formado en la periferia de las urbes coloniales, entre mestizos, indígenas, mulatos y negros, que habían escapado entre bosques y ríos al imperio moral que acompañó la explotación colonial. En este contexto, los vínculos matrimoniales fueron fundamentales para el control territorial y la contención del desorden que hacía ingobernables los vastos territorios de las provincias. Ante la violenta negociación de los intereses políticos que caracterizó el paso de la Colonia a la República, los matrimonios entre las familias de la élite blanca proveyeron además una forma estable y duradera de acaparamiento de la tierra y retención del poder en las poblaciones rurales y las ciudades intermedias. El rastro de esa estrategia de ordenamiento territorial y social subsiste en la obsesión con los apellidos que noté en mi visita al departamento de Sucre. Cada personaje mencionado invoca una historia y un mapa geopolítico invisible asociado a sus apellidos, cuyas rutas los lugareños descifran con la espontaneidad de la costumbre.

De modo que casarse o no casarse, con quién y, en el caso de las García Márquez, si con los del pueblo o los de la ciudad, no era un asunto intrascendente. Luisa Santiaga era, después de todo, la hija consentida y bien educada del coronel Nicolás Márquez, venida a menos por un matrimonio con el hijo ilegítimo de un gamonal de Sincé. Por muy complacida que estuviera con su propia suerte, era de esperarse que no la quisiera para sus hijas. Luisa era lo bastante pragmática para reconocer que su posición social no les permitía aspirar a los hijos de las familias más prominentes, cuyos amores en el pueblo eran además susceptibles a la distancia y las mujeres que esos muchachos conocían cuando se iban a las ciudades. Para la muestra estaba el fracaso de Margarita Chica con su primer novio, el estudiante de Medicina Cayetano Gentile Chimento. Margarita era la viva encarnación de otro dicho que su descendencia recuerda de la abuela sabia: «La novia del estudiante no es la esposa del doctor».

Tanto Aída como Margot resistieron la embestida contra sus amores, cada una a su manera, pero finalmente desistieron. Aída, traviesa y parrandera como los hermanos, sufrió con menos estoicismo que Margot las prohibiciones, persecuciones y súbitas apariciones de su padre en las fiestas a las que asistían en el pueblo. Ambas fueron enviadas a estudiar en internados, en Santa Marta y Montería, donde se esperaba que el encierro y la distancia hicieran su labor. Aída, que estaba por graduarse en la escuela normal de Santa Marta como maestra, optó por una «solución» inesperada y radical: despedir a su Rafael y unirse a las hermanas Salesianas de la Orden de san Juan Bosco, orden en la que permaneció por veintidós años dedicada a la enseñanza y la administración educativa. En cuanto a Margot, el libro de las memorias de su hermano Gabo acredita su eterna soltería a «un error de ambos», ella y su Rafael, que el rígido carácter de la hermana no pudo perdonar. Lo que no cuenta, lo que quizás no entendió, es el impacto que tuvieron sobre la vida de sus hermanas, no solo la muerte de Cayetano, sino los «terribles» amores de su amiga Margarita.

Nada en su cuerpo de adolescente octogenaria, con blusa de estampado felino y maquillaje impecable, haría sospechar que Aída, la elegante señora que me recibió en su apartamento en Barranquilla, fue una monja por más de dos décadas. Menos por vocación religiosa, explica ella, que por su interés en servir a la comunidad. Ese fue el eje también de su segunda y más larga profesión, la de maestra. La Cundi habría de contarme sobre un

viaje en el que acompañó a su tía de regreso a la región de Antio-
quia donde sirvió como directora de la Escuela Normal de Co-
pacabana mientras era monja. La sobrina recuerda, en especial,
la calidez y gratitud de las alumnas y las historias que contaban
sobre Aída, quien recogía entre las familias ricas del colegio el
dinero para comprarles uniformes y útiles escolares a las niñas
becadas. Varias de esas niñas son hoy profesionales pudientes que
fueron recibidas como princesas en sus casas de Medellín y sus
afueras.

En la salita del apartamento en Barranquilla, Aída recoge
de una mesa esquinera protegida por una carpeta de hojalillo
unos enormes libros anillados, mientras yo disfruto la suculen-
ta acidez de un jugo de tamarindo. Me lo ha traído Eloísa, viuda
de otro de los hermanos, Cuqui, quien acompaña a su cuñada
en su remedo de vejez. Aída pasa con entusiasmo y orgullo las
páginas de esos libros, plenos de noticias locales y nacionales sobre Gabo. En algunas aparece ella misma fotografiada, pues Aída
ha descubierto su misión postrera en ser la emisaria familiar en
las apariciones públicas que la escena barranquillera demanda
ocasionalmente de la hermana de un premio nobel. En esta nueva reinvención, Aída se hizo además autora y escribió un libro
sobre la infancia de los hermanos, titulado *Gabito, el niño que
soñó a Macondo*.

Entrando en el tema que me llevó a buscarla en aquel agosto
de 2017, el relato de Aída se me revela como una fabulosa col-
cha de retazos a la que se le han disuelto las costuras, aunque
con una puntada constante, la de la difunta Ligia, mamá Yiya,
reconocida por hermanos y sobrinos por su incansable indaga-
ción en la historia familiar. Cinco años después, siguiendo las
huellas de la menor de las hermanas, Rita, habría de encontrarme con el registro textual y fotográfico que Ligia recogió con

ahínco, hoy en manos de una de sus sobrinas. Carmen Cecilia, la hija arquitecta de Rita García Márquez, me mostraría el plano de la casa donde pasaron su primera infancia Gabito y Margot en Aracataca, cuya maqueta diseñó ella misma con base en la memoria de sus tías. En un cuaderno escolar, Carmen Cecilia guarda además el cuidadoso esbozo que creó del sueño de esas tías, una casa museo dedicada a la memoria de los García Márquez.

Aunque en un formato diferente, ese proyecto es parcialmente realidad gracias al íntimo relato de las historias de sus tíos escrito por Gabriel Torres García, alias Gabo-Gabo, otro hijo de Rita y heredero de las dotes oratorias de su clan. En su libro, *La casa de los García Márquez*, hallaría los rastros del «rincón guapo», como solían llamar a las reuniones en que Gabriel Eligio, Luisa Santiaga y sus hijos compartían recuerdos y anécdotas, desafiándose mutuamente a expandir y preservar la historia familiar. De allí salieron, fieles o trastocadas, muchas de las historias del más famoso de los García Márquez, de las cuales la familia en pleno clama parte de la autoría. De ese espacio surgió también, pese a la resistencia rotunda y repetida de su anfitriona, *Crónica de una muerte anunciada*. De hecho, fue Luisa Santiaga quien le dio inadvertidamente a su hijo la clave para empezar a contar la historia. Según señala Gabo-Gabo, la frase inicial de la novela «el día en que lo iban a matar…» fue articulada por la abuela en uno de esos «rincones guapos».

La familiaridad coexiste con un respeto solemne por la palabra del tío Gabito tanto en el texto de Gabo-Gabo como en las conversaciones con sus parientes. Pero la fuente del respeto familiar no es la capacidad de invención reconocida globalmente al maestro, sino la excepcional lucidez atribuida por la tribu al gran intérprete de sus cuitas. Porque al igual que Luisa Santiaga, el hijo mayor tenía, dicen en su familia, «boca de chivo». En la región de La Guajira, de donde viene la línea materna, esa expresión nombra la capacidad premonitoria. De lo que aseveraba el tío Gabo, aún se afirma en la familia, antes o después, todo se cumplía.

Mucho más les habría preguntado a las hermanas de saber lo que ahora sé de su familia. Pero aquel día en que me encontré con Aída y Margot en Barranquilla, me guiaban solo mis intuiciones y una misión específica.

Un par de horas después de conocer a Aída, y tras caminar ocho cuadras bajo el sol inclemente en Barranquilla, me reuní con Margot García Márquez en el apartamento de Luis Carlos, el hermano de Cundi, a quien Margot crio como una madre. Encontré su hogar conmocionado por el revolcón del espacio, y del tiempo, que causa el ritmo indomable de los recién nacidos. Mientras yo recuperaba el aliento, Luis Carlos y su esposa me invitaron a almorzar, me dejaron cargar a su bebé y nos tomaron una foto que compartimos de inmediato por WhatsApp con la tía de Maine.

Ya me había sentado a la mesa cuando entró Margot. Algo en el tono de la tía abuela —el de su voz, el de su piel, el de su alma— me recordó de inmediato a mi propia abuela. Hasta mi adolescencia me costó mucho entender la melancolía de mi abuela, quien enviudó llevando a mi tía en el vientre cuando mi madre tenía año y medio, y rechazó casarse de nuevo por la desconfianza que le producían los padrastros. No ayudaba su rigor ante el luto, condena mayor en una familia extensa donde las mujeres no acababan de volver a las florecitas moradas cuando ya estaban otra vez cocinándose en el brasero de los trajes negros. El tiempo, y la risa que le devolvió a mi abuela la pérdida de la memoria, me enseñarían a distinguir el polvillo que opaca las vidas de mujeres «solas», agotadas por el frenesí de una madurez sin descanso al servicio de sus familias. Tanto mi abuela como Margot habían vivido, para cuando conocí a la segunda, no solo una juventud extenuante sino una vejez larga, plena en oportunidades para dialogar con el fantasma de lo no vivido. Las dos murieron, de vejez y rodeadas de los frutos de su amor y su trabajo, en el 2021, mientras escribía este libro.

Como en mi primera cita con Jaime, tres años antes, me estremecieron la candidez del desahogo de Margot y la materialidad del recuerdo de su hermano. Nunca había sentido a Gabo tan humano e íntimo como en las palabras de esa hermanita, a quien el escritor recibió de apenas un año en la casa de los abuelos, «como a una muñeca», decía ella, y a quien siempre quiso a su lado. Empecé a comprender el origen del polvillo en su piel escuchándola hablar de sus encrucijadas, de cómo la urgencia de trabajar para sostener hermanos y sobrinos la había detenido de irse a vivir la vida que le ofreció su hermano en Barcelona, primero, y en México, después.

Pese a su agobiante lucidez, en la cabeza de Margot se libraba ya la batalla familiar contra el olvido. Así lo reconocí al oírla reiterar, una y otra vez, una imagen de Gabito besándole las manos, diciéndole que quería todo lo mejor para ella. Sin embargo, su relato de los hechos que inspiraron *Crónica de una muerte anunciada* fue el más sereno, directo y menos susceptible a la imaginación del hermano mayor que escuché en su familia. La visión de Cayetano Gentile era menos idealizada y su recuerdo de Margarita Chica era el de una amiga perdida.

Tanto Aída como Margot recordaban a Margarita como una mujer buena, de una familia pobre pero muy decente. Su papá había muerto antes de que ella se involucrara con Cayetano y, según Aída, de haber estado vivo, otra habría sido su suerte. La madre de Cayetano, la señora Julieta, quería tanto a Margarita que fue ella quien prestó la vajilla para la recepción de su boda con Miguel. Fue también el hermano menor de Cayetano quien llevó los anillos en la ceremonia. En cambio, ni Cayetano ni las hermanas García Márquez asistieron a la boda de Margarita y Miguel. Para entonces, Margarita había empezado a andar con un nuevo grupo de «mujeres fiesteras» que no era bien visto por Luisa Santiaga. Las García Márquez habían sido educadas de una manera más rigurosa y su reputación habría estado en cuestionamiento de haber asistido, decía Aída, cuyo propio gusto por las fiestas durante su juventud fue novelado en la *Crónica* de su hermano mayor.

Margot, como la novela recrea, había sido objeto del coqueteo de Cayetano, y recordaba bien su fama de mujeriego. Se le facilitaba por ser un hombre tan apuesto, me dijo. La última vez que vio a Cayetano, acompañado de Luis Enrique en el puerto, a donde ella había ido a llevar una encomienda para su papá, Margot le hizo notar que una señora los había mirado de una manera extraña. Cayetano le dijo que seguramente la admiraban a ella por su belleza. Margot interpretaba aquella mirada como prueba de la veloz diseminación del rumor de que iban a matar a su amigo, cuyo último lapso de vida su hermano Gabo estiró hábilmente en la novela. Según Margot, el día de la tragedia caía un aguacero.

Margot hablaba con evidente compasión por Margarita, por Cayetano y por la señora Julieta, quien había sobrevivido ya a la pérdida de un bebé ahogado mientras ella lo bañaba. Cayetano era su hijo predilecto y el más prometedor, aunque tenía dos menores estudiando en Cartagena. Esa madre que por error le cerró la puerta al hijo al intentar salvarlo de los asesinos no salió de su casa por años, decía Margot. Murió sin superar la tragedia casi treinta años más tarde, según dice García Márquez en *Vivir para contarla*. Así lo liberó por fin de la oposición de Luisa Santiaga a que su hijo narrara la muerte de Cayetano. «Trátalo como si fuera un hijo mío», le impuso como condición a la ya inevitable escritura de *Crónica de una muerte anunciada*.

Confrontada por la reiteración de mi pregunta sobre la improbable inocencia de Cayetano, Aída me explicó que él no podía ser el culpable porque no había sido el primer amante de Margarita. Su hermano Gabito y todos los amigos de Sucre que entonces estudiaban en Bogotá estaban convencidos de que ella había aprovechado el hecho de que tuvieron relaciones para acusarlo, aunque él no hubiera sido quien la deshonró. Después de la publicación de la novela, Margarita rememoró su encuentro con Cayetano ante Aída. Pero la amiga no le creyó. Margot, quien a diferencia de Aída y Jaime no se refirió a la «inocencia» de Cayetano, me contó además de una posible relación de Margarita con un muchacho de los que iban a hacer los rurales en Sucre, después de Cayetano y antes de Miguel.

Algo de ingenuidad me había impedido ver que, una vez perdida su virginidad, la sexualidad y la reputación de Margarita eran irreparables, de modo que se hacía fácil adjudicarle otros amantes, existieran o no. El orden de esos supuestos amoríos, al igual que la reputación de Cayetano, parecían carecer de importancia. Pero en mi cabeza persistía el ruido del anacronismo, pues la mentira que todos le adjudicaron a Margarita no fue que Cayetano había sido el único, sino que no había sido el primero. Y si ya me resultaba difícil creer que hubiera un amante escondido, imaginarle a Margarita una relación antes de los catorce años era aún más complicado.

—Si no fue Cayetano —le insistí a Aída—, ¿quién fue el primero?

Como de una lejana nube gris cuyo aguacero nunca cayó, Aída sacó un recuerdo ajeno. La voz de Ligia emergió para contar que, según sus averiguaciones, un tío que cuando niña la había llevado a vivir temporalmente en su casa había «perjudicado» a Margarita, años antes de que ella iniciara su relación con Cayetano. De manera que ¡¿Margarita había sido víctima de incesto y abuso sexual?! Yo misma había concebido esa teoría mientras escribía un ensayo anterior sobre la novela, con el padre como ejecutor, y me había encontrado con que no era la única en creerlo posible. Pero había descartado la posibilidad de que esa fuera la base real del amante atribuido por la ficción, al enterarme de que el padre de Margarita había muerto durante su infancia. No se me había ocurrido que pudiera tratarse de otra transposición poética de García Márquez, y que el perpetrador podía haber sido, en la ausencia del padre, otro hombre de la familia.

Margot conocía también de las averiguaciones de Ligia, pero ninguna de las dos le había dado mayores vueltas al asunto ni podía ayudarme con las preguntas que me surgieron entonces: ¿de dónde sacó Ligia esa idea? ¿Era posible? De serlo, ¿lo recordaba Margarita?, o ¿era su supuesta «mentira» el resultado de haber enterrado en su conciencia lo que muchas niñas, presas del trauma, olvidan? ¿Era esa la razón por la que Cayetano parecía no sentirse responsable por la desfloración? ¿Lo sabía Gabo o era esta otra expresión de su prodigiosa «boca de chivo»?

En mis pesquisas posteriores llegaría a la conclusión de que la teoría era poco probable. La única mención de un tío de Margarita que he encontrado es su respuesta al amante que le adjudicaban en el primer artículo de *Magazín al día*, «un Lizarazo, de Guaranda». En su declaración juramentada ante el Juez Primero de Sincelejo, Margarita afirmó que los señores Lizarazo eran muy amigos de un tío de ella y que los conoció en una de las visitas a ese tío en La Raya, un pueblo que ella visitaba cuando tenía de doce a trece años. Pero, insistió, «yo nunca tuve amores con ningún Lizarazo. Mis amores fueron con Cayetano Gentile Chimento y Miguel Reyes Palencia». No tengo ninguna buena razón para no creerle a Margarita.

Verdad o no, lo que más me sorprendió del descubrimiento fue la intrascendencia de este dato para las hermanas García Márquez. Aída se refería al asunto como algo casual, sin conexión evidente con la posterior cadena de abusos recibidos por Margarita y sin peso alguno contra los duros juicios a los que había sido sometida por su acusación de Cayetano. La trivialización del incesto, la pederastia y la pedofilia es otro asunto recurrente en la obra de García Márquez, el cual he desarrollado en trabajos anteriores. La negación del impacto del abuso sexual infantil sobre sus víctimas delata otro aspecto de la responsabilidad colectiva sobre la violencia machista. El acuerdo tácito que preserva el derecho de los hombres a administrar la sexualidad de las mujeres de su familia, incluye la tolerancia al uso sexual de los cuerpos de «sus» mujeres.

Margot había continuado su amistad con Margarita tras el éxodo del pueblo de ambas familias. Contaba que tuvieron muchas dificultades para sobrevivir, que Margarita tenía un don de hacer bordados hermosos y, aunque no recordaba que se hubiera ganado la lotería, hablaba también de la casa humilde pero muy bien arreglada en la que vivió con su madre. Sus hermanas y hermanos vigilaban mucho a Margarita, decía, en parte porque en algún momento Miguel regresó a buscarla, y corría el rumor de que se veían en hoteles. Para los que conocían el chisme, el interés de Miguel era obviamente económico.

—Lo que quería era la casita de Margarita —me dijo Aída.

Le quedaba legalmente algún derecho, supongo, porque continuaban estando casados ante la Iglesia y el Estado colombiano, a pesar de un supuesto divorcio gestionado por Miguel Reyes en el extranjero.

Margot dejó de verse con Margarita después de la publicación de *Crónica*, avergonzada por lo que Gabito había hecho con las historias que ella y sus hermanas le contaban. A diferencia de Aída, y aunque era más cercana a Margarita, ella no era capaz de hacerle preguntas íntimas.

—A Aída le gusta más hablar. Aunque se perdió de mucho porque no creció con Gabito, y por los años que pasó de monja. Claro que cuando niña era terrible.

Por las hermanas, Margot supo que Margarita se enfrascó en el cigarrillo y su vida acabó relativamente joven.

—Aún podría estar viva —se lamentó—. Porque era de mi edad.

Cuando le pregunté a Margot si su hermano sabía del rumor del retorno de Margarita y Miguel, me aseguró que no, con algo de indignación en su rostro ante la mera insinuación de que ella pudiera contarle a Gabito la intimidad de sus amigas. Cerca del final de nuestro tiempo juntas, me atreví a indagar en su propia historia de amor, que, según Aída me había insinuado, terminó también por el crimen de Cayetano. Margot me explicó el «error» al que se refería su hermano en sus memorias. Rafael Bueno, su novio, con quien tenía seis años de amores, embarazó en un desliz a una mujer en Cartagena. El mismo Rafael se lo contó, y le pidió perdón.

—Yo sabía que me quería. Pero no iba a casarme para quedar viuda.

Aterrada aún por la muerte de Cayetano y por el ejemplo de los hermanos de Margarita, Margot concluyó que no podía arriesgarse a que la familia de la chica embarazada matara a Rafael por no responder por su honor.

Recordé entonces a la incomprendida Amaranta de *Cien años soledad*, en quien solo Úrsula, en un tardío rapto de lucidez, consigue reconocer la batalla entre «un amor sin medidas» y «el miedo irracional que le tuvo siempre a su propio y atormentado corazón». Entendí que la ejemplar demostración de machismo de aquel crimen atroz había truncado los caminos de varios amores posibles, y que sus ecos, amplificados por la novela, continuaban vivos en las historias de varias mujeres sepultadas. Cada una de ellas es una heroína de la guerra incesante entre el deseo de amar «sin medidas» y el miedo a la violencia que aprendieron a asociar con el amor.

A Rita, la menor de las hermanas, la conocí años después durante mi breve paso por Cartagena antes de ir a Sincelejo y Sucre-Sucre. La única de las hermanas que tuvo hijos me recibió rodeada de tres de ellos: Aída Rosa, Carmen Cecilia y Alfonso. Una bata rosada perfectamente combinada con sus babuchas de terciopelo acentuaba su hermosura, aún evidente en el rostro infantil de la anciana. Aída Rosa me asistió en la búsqueda de los escasos y esquivos recuerdos de la que fuera alguna vez una fuerte contendiente en el «rincón guapo». En lo que parecía un ritual cotidiano, la hija empezó por preguntarle las cosas más esenciales, desde su nombre, Rita Torres, según la cédula de identidad que obtuvo con el apellido del esposo. Porque para cuando se hizo mayor de edad, Rita ya se había casado. Aída Rosa continuó por preguntarle el nombre de su esposo.

—César Alfonso Torres —contestó.

Rita lo conoció el día en que llegó desde Sincé a vivir con la familia, que acababa de mudarse de Sucre-Sucre a Cartagena. Su hermano Gustavo se apareció con ese amigo a recibirla. El flechazo fue inmediato y fulminante. El hermano mayor intercedió una vez más cuando la amenaza de otro amor truncado se vertió sobre ella y sobre el hombre del que se enamoró, «moreno, apuesto y decente», según Gabo lo describe en sus memorias, pero una vez más incapaz de llenar las aspiraciones de Luisa Santiaga y Gabriel Eligio. Aleccionado por el desenlace de los amores de las mayores, Gabriel Eligio terminó por aceptar al pretendiente, con la única condición de que se casaran enseguida.

De manera que, aunque Rita ya estaba casi lista para graduarse del bachillerato, la aplicada estudiante de dieciséis años tuvo que dejar los estudios en nombre de su amor, pues las políticas del colegio no permitían que las mujeres casadas siguieran estudiando. Rita había aprendido a coser, y fue cosiendo como pudo ayudar a su hermana Margot, su padre y su propio esposo con el sostenimiento de la extensa familia de los García Márquez, además de los cinco hijos que tuvo con César Alfonso.

—Hacía cortinas —me contó después su sobrina, la Cundi—. Ellas todas cosían y bordaban. Yo tenía ocho años cuando Añía [Margot] me enseñó a enhebrar la aguja de la máquina. Cuando nació Laura [hija de Cundi], yo misma le hice las cortinas del cuarto.

En su casa en el tradicional barrio del Pie de la Popa en Cartagena, Aída Rosa continúa con el interrogatorio a Rita, que yo sigo desde la puerta de su cuarto y con tapabocas, como requieren estos tiempos.

—¿Te acuerdas que la gente te preguntaba por qué no usabas los apellidos García Márquez?

—Los usaba de acuerdo con la situación —replica Rita.

—¿Y cuántos hijos tuviste?

—Seis.

Aída Rosa me aclara que fueron cinco pero su madre debe estar contando al bebé que abortó accidentalmente.

—¿Y cuántos años tienes?

—Soy más joven que ella —responde señalándome con el dedo después de una breve pausa. Me río, pero no pongo en duda su respuesta. Un par de meses atrás, cuando estuve en Colombia para despedir a mi abuela, la encontré llamando tiernamente a su mamá como si estuviera al lado de ella. De modo que no me sorprende el retorno de Rita a la juventud.

Concluida la conversación con su madre, me siento con Aída Rosa, Carmen Cecilia y Alfonso en la sala de la casa. Con la hospitalidad propia de nuestra gente, Aída Rosa comparte sin preguntar un delicioso postre de tres leches y planta un ventilador a mis pies para que el sofoco, y el tapabocas, no me impidan hablar. Cuando el ventilador me alborota el pelo, aparece con un gancho que acepto encantada, y que me llevaré puesto por error. No descansaré hasta dejarlo en manos de Carmen Cecilia en Barranquilla el domingo siguiente, cuando nos reuniremos para que me muestre la herencia de papeles e historias que le dejó Ligia.

Aída Rosa recuerda haber pasado vacaciones en casa de Margarita cuando niña, en tiempos en que su madre aún la visitaba en Sincelejo. Carmen Cecilia me cuenta de las estadías de Margarita en Cartagena y algunas de sus conversaciones con Rita. En una visita poco antes de la publicación de la novela, Margarita había compartido con su madre, sin ocuparse de la niña que escuchaba, que Miguel aparecía de cuando en cuando y se veían clandestinamente. En cambio, de la relación con Cayetano dice Carmen Cecilia que, aunque su madre la interrogaba al respecto, Margarita evitaba hablar sobre lo que había pasado.

Las hijas de Rita no han olvidado tampoco una frase que su madre atribuía a Margarita: «A mí una vez alguien me dijo que mi vida iba a pasar a la historia, pero yo nunca me imaginé que fuera de esta manera».

Ligia emerge nuevamente en la conversación. Sus sobrinos me cuentan de su proyecto de compilar y publicar la genealogía familiar. Era Ligia quien esperaba siempre las visitas de Gabo con una foto, un documento o un chisme nuevo. Ella le dio información clave a los biógrafos, Dasso Saldívar y Gerald Martin, y trabajó cercanamente con Silvia Galvis para construir el retrato familiar para su libro, *Los García Márquez*. Según dicen los sobrinos, de haberse enterado de lo que Rita sabía sobre Margarita y Miguel, no habría tenido reparo alguno en contárselo a Gabo.

—Cuando él llegaba, Mamá Yiya —como llamaban a Ligia los sobrinos— siempre le tenía algo —remarca Alfonso.

Cuando les cuento lo que Aída me dijo sobre el primer hombre de Margarita, Carmen Cecilia salta de inmediato:

—Yo recuerdo que Mamá Yiya decía que fue un tío.

Y aunque nadie puede precisar el origen de su idea, la sobrina insiste:

—Mamá Yiya lo decía.

En la mesa de su cocina recién remodelada, proceso con Cundi mis notas sobre la vida y personalidad de sus tías. Empezamos con Ligia, a la que solo he conocido en boca de otros. Se trata al parecer de la única de las García Márquez que vivió los placeres y dolores del amor romántico, con un galán «turco» pronosticado en los sueños de su madre, que la enamoró con boleros y poemas, pero que, según sugiere Gabo-Gabo, resultó más mujeriego que su papá. En respuesta a la comparación con el abuelo, Cundi me aclara que Efraín, el esposo de Ligia, fue mucho menos discreto en sus aventuras que Gabriel Eligio, al que la nieta recuerda con el aura solemne que le regaló la vejez. En la casa de Cartagena, el abuelo ya jubilado se la pasaba en el cuarto leyendo o haciendo los crucigramas de los periódicos, excepto a la hora de comer, cuando Luisa Santiaga le servía y se sentaba a su lado, así ella ya hubiera comido. Al llegar, los niños se acercaban para besarle la mano.

—Nada de besos en las mejillas. Con él todo era muy formal. Él recibía el beso y nos decía: «Que Dios me le haga un santo».

De la abuela, Cundi cuenta que era igualmente una mujer muy seria. Nunca usó nada distinto a vestidos, siempre con dos bolsillos, en uno de los cuales llevaba el rosario que rezaba todas las tardes, y en momentos de inusual angustia. La nieta rememora también el silencio prudente de Luisa Santiaga, que solo rompía cuando le pedían explícitamente su opinión o durante los rincones guapos. Cuando hablaba, sin embargo, su palabra era puntual y certera, no exenta incluso de sarcasmo.

Antes de que yo descubriera en el libro de su sobrino Gabo-Gabo los conflictos causados por ese esposo al que Ligia se pasó la vida tratando de retener, ya había visto asomarse en los rostros de sus familiares la decepción que despertaba el recuerdo de su historia de amor. Mamá Yiya era admirada por el brillo de su inteligencia, su habilidad para la natación y el piano y su meticulosa empresa de reconstruir la historia familiar. Además:

—Era muy amiguera y elegante —me dice la Cundi—. En las ocasiones especiales aparecía siempre con un vestido a la medida, hecho por ella misma, los zapatos «espadrilles» amarrados alrededor de la pierna, aretes, labial, su pelo bien pintado y un collar de perlas.

Era asimismo una extraordinaria contadora de cuentos.

—Tú te hubieras dado gusto con ella, porque ¡hablaba con una gracia! Nosotros [los sobrinos] nos reíamos de su actuación.

Por cada susto, Mamá Yiya anunciaba un ardor en el estómago o una palpitación en el pecho.

Cundi la imita graciosamente llevándose las manos al cuerpo.

Para tristeza de sus hermanos y sobrinos, Ligia invirtió buena parte de sus talentos en editar la novela vivida para justificar su devoción a un hombre que abusaba emocional y económicamente de ella. Gabo-Gabo escribe:

Como una manera de evadir el dolor, comenzó a inventarse una historia alterna a la que le tocó vivir. Tenía una versión sobre su vida completamente ajena a la realidad y basada en la ilusión de lo que pudo haber sido y no fue. Pero con unos argumentos tan verosímiles que en ocasiones eran más lógicos que su cruda realidad.

—Nadie gustaba de Efraín Peinado —me confirma Cundi—. Era mujeriego como él solo. Se la hacía a cada rato, pero ese fue el amor de su vida. Ella decía «¿Que Efraín es loco? Bueno, yo quiero a mi loco». La cosa era tan grave que un día estaba Mamá Yiya haciendo una visita cuando una amiga vio pasar a Efraín con otra mujer en una moto, o en un carro de los tantos que tuvo. La amiga le dijo: «¡Ligia, mira!». Y Mamá Yiya le contestó: «Ahí donde lo ves, va obligado».

Desde entonces el cuento se convirtió en un chiste familiar con el que los sobrinos señalaban con sarcasmo los «obligados» comportamientos de otros hombres descarados.

Cundi vivió por un tiempo en una de las casas que Ligia compró y malvendió para complacer a su amado. Con ayuda de la familia, porque la tía nunca trabajó de manera estable. Cosía por gusto vestidos hermosos con los que las sobrinas asistían a primeras comuniones, grados, fiestas y matrimonios, y cuyo costo no era otro que la angustia.

—Nos ponía a parir en seco —dice Cundi—. Porque no había fuerza humana ni divina que la moviera a completar los benditos vestidos antes del último minuto.

Había escuchado por primera vez el cuento de los vestidos de Ligia hace unos quince años —cuando ni siquiera soñaba con escribir sobre Gabo—, de mi amigo cineasta, Jhon Narváez. Jhon había sido parte del equipo dirigido por Pacho Botía durante la filmación del documental *Buscando a Gabo*. Hablaba de Ligia como una señora «amorosísima, graciosísima» que habían conocido en una casa «común y corriente» de un barrio en Barranquilla donde la entrevistaron para el documental. Uno de sus sobrinos, Esteban, que es también cineasta, les había contado después una historia de aquella señora. Con una gracia que no sé si venía de Jhon o de Esteban, mi amigo refería que Ligia anunció desde el mes de julio que se iba a hacer un vestido para la fiesta de Año Nuevo. Era una fecha especial, en la que usualmente se reunía la familia y a la que en esta ocasión venían aún más de sus miembros desperdigados, así que durante los meses siguientes, cada vez que se mencionaba el fin de año, Ligia volvía a hablar del espectacular vestido que se haría para la ocasión.

—Llegó el 31 de diciembre y la señora encerrada en el cuarto haciéndose el vestido, mientras los sobrinos le gritaban desde fuera: «¡Tía, tía, que ya van a ser las doce, que salgas!».

Dice Jhon que no pudo evitar pensar en Amaranta tejiendo y destejiendo su mortaja cuando escuchó la historia.

Mientras yo desayuno con un croissant que Cundi ha calentado para mí, la sobrina teje un paralelo con su padre, Luis Enrique, de cuyas múltiples empresas he oído hablar antes. Primero me pasea por el laboratorio de fotografía que montó el papá en un cuarto de uno de sus apartamentos, del que salieron las primeras fotos a color reveladas en el Caribe colombiano, algunas conservadas aún por las amigas de sus hijas. Luego pasa por las épocas en que se dedicó a arreglar cuanto aparato electrónico le llevaban los vecinos, y cuando se enseñó a sí mismo a usar y ensamblar computadores. Pero nunca cobró un peso por nada de eso, ni siquiera cuando se quedó sin empleo y, a la espera de su pensión, estuvieron en una situación muy precaria. Toda esta digresión para explicarme que Ligia, como su hermano Luis Enrique:

—Solo se movía por pasión y odiaba el compromiso. Tan pronto la empresa se les volvía negocio, la abandonaban.

Lo que nunca abandonó la tía Ligia fue a «su loco», el único novio al que los padres no se opusieron y el esposo más controvertido de la familia.

Pasamos a Margot, que Cundi no acaba aún de despedir. El recuerdo de la generosidad de Añía, como la llamaban los sobrinos, todavía la conmueve hasta las lágrimas. Margot pasó más de un tercio de su vida trabajando como secretaria para la Gobernación del Departamento de Bolívar y fue la proveedora más constante de su extensa familia. La mayor de las hermanas suplía desde las necesidades más básicas de algunos de los menores, a quienes asumió como hijos, hasta el anillo de brillantes con el que, siguiendo la tradición, agasajaba a las sobrinas en sus quinceañeros. Cundi la recuerda comprándoles huevos y arroz en «la época de la penuria», como Margot siguió llamando en su vejez a la peor de las sequías que azotaron a los García Márquez. Recuerda también su esperanza en que las cosas mejorarían cuando su hermano Jaime se graduara de la universidad, y su decepción cuando el embarazo de su novia de entonces obligó al ingeniero recién titulado a casarse y asumir, en cambio, la carga de su nuevo hogar.

Cuando Cundi anunció que se iba a casar con Richard, Añía, que adoró al novio desde el primer día, ofreció pagarle la hechura del vestido, con tal de ahorrarle la zozobra de que se lo hiciera Ligia. Quizás movida por la ilusión de que la sobrina disfrutara de la felicidad que a ella no le tocó, Margot la ayudó además a vestirse, a peinarse y a reparar un accidente de última hora con unas perlas descosidas. Pero la tía no la acompañó a la iglesia.

—Me cansé de rogarle, pero no hubo manera de que asistiera a la ceremonia. ¡Ni mucho menos a la fiesta! Añía no asistía a ninguna reunión social. No celebraba nada. Yo nunca la vi bailar.

El que se lució en aquella ocasión fue el tío Gabito, quien se había proclamado padrino de la boda desde que se enteró del matrimonio de la Cundi con Richard Mockler. Habían acordado que la sobrina llegaría a su casa en el Centro de Cartagena para tomarse fotos, y de allí se iría a la iglesia en el Mustang anaranjado descapotable llevado desde La Habana que, según la leyenda, había sido conducido por Hemingway. Pero al abrirse el portón de la casa del tío, la novia se encontró con dos carruajes decorados con velos y flores esperando para pasear a los novios por el sector amurallado de la ciudad. Cundi cuenta esa historia con visible emoción todavía, y con su usual sentido del humor:

—Mi papá se reía porque los caballos no paraban de sacudir la cabeza como tratando de quitarse los tules, y porque se cagaron como tres veces en el patio de la casa de mi tío Gabito.

Al retornar a Margot, Cundi confirma el perfeccionismo crónico y la negatividad de su tía. Margot era siempre la que salía con un comentario displicente sobre el nuevo vestido de una hermana que todas las demás encontraban divino. También la única que, perdida en el recuerdo de otros platos mejores, era incapaz de apreciar el delicioso sancocho puesto sobre su mesa.

No obstante, según la sobrina, la sentencia de los Gabos sobre su carácter no le hace justicia. El libro de su primo, al igual que el de las memorias de su tío, acredita la «amargura» de Margot a la terquedad con la que se negó a perdonar a su Rafael, agravada por los rencores en contra de los hermanos y sobrinos que, a diferencia de ella, armaron nuevas familias y tomaron su propio camino. Pero no fueron solo los amores truncados la fuente del resentimiento de Añía. La suya era una suma de frustraciones, añejada en el barril de una personalidad compleja.

—Yo creo que Añía era más bien tímida. Como mi papá. No era de expresar los sentimientos.

Apenas puedo imaginar la condena que eso significaba en una familia tan emotiva.

Tras haber conocido a Margot en su vejez, es obvio para mí que Añía fue amada y valorada por su familia. Y que, después de todo, como dice la Cundi:

—Vivió una buena vida.

—Como mi abuela. Lo malo es que estaban tan enfrascadas en los sacrificios de la primera parte de sus vidas que no pudieron darse cuenta de eso.

Cundi recuerda haberle oído comentar a Añía una conversación con su cuñada, Mercedes Barcha, con quien compartían signo zodiacal. Comparando la suerte de cada una, Mercedes le había dicho que la marca que movía una vida «no son los signos, son los nombres». De allí que Margot les insistiera a hermanos, sobrinos y padres de las tantas ahijadas que tuvo en que no llamaran a sus hijas Margarita, su verdadero nombre. No llegó a pedirlo a tiempo para impedir que Luis Enrique llamara a la Cundi, precisamente, María Margarita.

—Peor es la hija de otro primo que vive en Barranquilla. El papá le puso Amaranta.

—Qué va. Ese nombre aún se puede reconquistar. Amaranta sigue siendo muy incomprendida, pero hasta bien hizo en no casarse.

Cundi me mira perpleja.

—Ven yo te cuento mi teoría sobre las mujeres de *Cien años de soledad*, y tú sabrás si es relevante o no a tus tías.

Así es como termino narrándole a mi amiga el tema de mi próximo libro, *La soledad de las Buendía*. Las hijas y nietas de Úrsula se pasaron la vida viendo a la matriarca sacrificarse en nombre de los otros, su marido, sus hijos. Y por muy idealizado que ese papel estuviera en su contexto, ellas, viviéndolo de cerca, no lo encontraban tan sugestivo. Tenían deseos propios, sexuales y de otra índole, ganas de hacer cosas, como sus hermanos, y rabia por no poder hacerlas. Lo malo es que vivían en una sociedad donde las únicas opciones posibles eran casarse y meterse a mártir, como la mamá, o arriesgarse al castigo que les caía a las pocas que se atrevieran a otra cosa. A saber: ser encerradas en un convento o aisladas en una casa, mágicamente «desaparecidas» de la faz de la tierra, o desangradas tras parir, finalmente, un hijo con cola.

—Qué bueno que eso ya no nos tocó a nosotras —me contesta la sobrina.

—Yo no estoy tan convencida, querida. Esto lo tenemos menos resuelto de lo que tú crees.

Antes de irme, Cundi me advierte que me queda debiendo la novela de Ligia y su único «amor terrible», que amerita una sesión más larga. Con musiquita y mojitos, nos prometemos.

En marzo de 2022, Cundi volaría a Colombia apenas a tiempo para despedir, junto a sus primos y la extensa familia García

Márquez, a otra de sus tías, Mercedes Barcha, cuyas cenizas fueron depositadas en Cartagena al lado de las de su esposo Gabo. El último día de mi propio retorno a mi hogar cartagenero en agosto de ese mismo año, durante un viaje por fin extenso y con mi familia, recordé que tenía pendiente visitar el recinto donde reposa la pareja, en el antiguo Claustro de la Merced, hoy parte de mi *alma mater*. No esperaba mi reacción visceral al busto del escritor impuesto sobre la gruta. Iba con otra cómplice eterna, mi amiga Eva Córdoba. Tratando de deshacer el nudo que se me formaba en la boca del estómago, le conté medio en broma que alguien me había dicho que García Márquez y yo habíamos trabajado juntos en otra vida, sanando enfermos en medio de una peste. Ya había tomado la foto de rigor cuando sentí que la emoción se expandía por el resto de mi cuerpo. Busqué refugio en la estupenda muestra fotográfica de «Cuatro grandes del Caribe colombiano» que se exhibía en los pasillos del claustro, en torno al patio funerario. Mirando a una niña retratada por otro genio de Aracataca, Leo Matiz, de espaldas, de cabello largo e indio, caminando por un precario puente de tablas en medio de palafitos, llegué a entender lo que sentía. Pese a mi voluntad racional tenía que admitir que había por fin sucumbido al influjo de García Márquez, el hombre. Porque tras haber destronado al ídolo de la niña, la adulta había aprendido por fin a amar, y hasta a extrañar, al ser humano que fue.

10. La Niña Margo

Para cuando llegué a Sincelejo en septiembre de 2021, la búsqueda de las clientas de Margarita había empezado a dar frutos, e iba también tras el rastro de sus vecinos, amigos y el sacerdote de la parroquia en la que practicó su fe. Había llegado a ese punto por otra de las casualidades desconcertantes que guiaron esta investigación. Resulta que mi amiga Olga, parte de la comitiva que fue conmigo a Sucre-Sucre y el oído más constante en las distintas etapas de la construcción de esta historia, había vivido en Sincelejo. Cuando le conté la anécdota con mi peluquera, que me motivó a ir en busca de las mujeres vestidas por Margarita, me dijo que ella había pasado un par de años allí durante su adolescencia y conservaba una buena amiga del colegio, Lorena. Las conexiones de Lorena me llevaron al fundador y director de la Fototeca de Sincelejo, Julio César Pereira, quien me presentó por teléfono a sus amigas, y ellas a las suyas, y así. En nuestro encuentro en persona, Julio César me acogería además con un recorrido inolvidable por el centro de la ciudad, donde me contó sobre las olas humanas atraídas por los trapiches, las fiestas patronales y el comercio regional, evidentes aún en la diversidad de pieles transitando entre los almacenes de ropa y telas donde solían surtirse las costeñas de bien, y que todavía proliferan en sus calles, aunque para una clientela más diversa.

Como suele suceder en ese pañuelito que es el Caribe colombiano, de llamada en llamada terminé entrevistando a la hija del que fuera el médico de otro pueblo, Sahagún, quien recordaba entre las pacientes de su papá, el doctor De La Espriella, a mi propia bisabuela. Más tarde sabría, por mi tía Lidis, que ese doctor había atendido igualmente a mi abuelo durante el paro cardíaco que se lo llevó, dejando a mi tía huérfana cuando aún no salía del vientre de su mamá. Así, para las clientas más antiguas de Margarita pasé de ser la escritora o la profesora en los Estados Unidos a ser la nieta de la señora de Sahagún, a quien recibirían cálidamente en sus hogares como a una parienta lejana.

En mi primer amanecer en Sincelejo me despierta un rumor escandaloso que resulta ser la lluvia. Pese al calor sofocante del día anterior, no la recibo con alegría sino con la ansiedad de quien le pide al cielo la mesura que no ve en la tierra. Pienso en las quince mil familias que ya van desplazadas en la zona de Sucre-Sucre, a la que no podré ir al final de esta semana si el azote de los aguaceros no amaina.

Me he prometido un sueño largo, pero la lluvia y la anticipación del día desvían mi plan. Logro meditar un poco hasta que el sonido glorioso de un pregón de «¡papaya, piña, banano!» me llega desde la calle. Reconozco por su intensidad que apenas tendré el tiempo de ponerme las chancletas y salir en piyama para tratar de alcanzar al pregonero. Su grito es también la confirmación ansiada de que la lluvia ha cedido, al menos por esta mañana. No llego a tiempo, pero el siguiente vendedor pasa poco después con una clásica carreta de madera, repleta de frutas y plátano «cuatro filos», y con una sombrilla infantil amarrada con cabuya a una esquina, a la altura perfecta para proteger a su conductor. Así es como desayuno en esta mañana grisácea con una papaya que gozó del privilegio de madurar en su palo, y un banano de la región que le dio la fama mundial a su fruto, para gloria y desgracia de la zona bananera.

Estoy alojada en un apartamento alquilado, construido en el segundo piso de una casa que, como descubrí la noche anterior, queda apenas a ocho cuadras de donde Margarita Chica vivió la mayor parte de su vida. Mis hospederas son unas hermanas gemelas grandes y doradas de acento guajiro que no lograré dejar de confundir durante mi estadía. Al abrir las cortinas del cuarto donde dormí, cuya ventana da al patio de la casa principal, noto las hojas inconfundibles de dos matas de plátano superando la altura del apartamento. ¡Nunca las he visto tan grandes! A su lado, y en el patio vecino, varios palos de papaya exhiben sus rebosantes frutos amarillos. Al levantar la vista veo también los árboles de mango, altos, frondosos y abundantes, que coronan el cielo del barrio.

Poco después del desayuno salgo a encontrarme con Blas Piña. A fuerza de conversar sobre Margarita, Blas Piña y yo nos hemos hecho, más que cómplices en la develación de un enigma, amigos. Han pasado cinco años desde la primera vez que lo busqué, siguiendo el rastro de la entrevista que él le hizo a Margarita para *El Espectador*. Es emocionante conocerlo por fin en persona, en su casa, donde atina a recibirme con flores. Es Blas Piña quien facilita mi encuentro con el confesor de Margarita, el reverendo Adalberto Sierra, a quien sus amigas y clientas me han recomendado buscar.

Lo primero que veo del padre Adalberto son sus dedos tras la reja de la casa cural, a un lado de la fachada blanquiazul de la iglesia del Perpetuo Socorro de Sincelejo. Ni sus manos ni su cuerpo delgado, forrado hasta las muñecas por una camisa de rayas lila, corresponden a la edad que calculaba para él. Me sorprenden a su vez su elegancia, acentuada por unas tirantas a la vieja usanza, y la risa de sus ojos al darnos la bienvenida.

Acomodada en el mismo sillón angosto en el que se sentó regularmente Margarita por más de veinte años, veo al padre Adalberto desplegar la muestra de humanidad más sincera y poderosa que he atestiguado en mucho tiempo. Baste mencionar mi endémica suspicacia hacia los sacerdotes para ilustrar cuán raro es mi deslumbramiento. Durante las pausas en las que el padre se mira las manos procesando la emoción de lo que cuenta, sus ojos bajos tras el marco de unas cejas copiosas acentuadas por el negro de sus gafas y su tapabocas, me descubro con ganas no solo de escuchar lo que sabe de Margarita sino de aprender de ese señor, de recibir su guía y acompañamiento.

—Ella se sentía víctima de una injusticia y de una mala interpretación —empieza, tras oírme contar cómo llegué a la historia de Margarita—. Nunca hablamos de los hechos que ocurrieron, pero yo estuve cerca de ella como persona, como creyente, y veía una mujer de una dignidad impresionante, de un criterio, de una sensatez como solía ser la de las mujeres de esa época, muy aplomadas. Una señora tan cariñosa, tan generosa, que nunca se salía de los límites de la decencia. Ella irradiaba una bondad infinita.

El padre leyó *Crónica de una muerte anunciada,* y la considera una historia que captura al lector.

—Pero yo tuve que disociar en mi mente a la persona sobre la que leía y a la que conocí. Yo sentía que eso no se refería a la misma persona.

Aún se conmueve visiblemente al recordar el dolor de Margarita cuando se publicó el libro, el mismo año en que lo llamaron a fundar la parroquia:

—Yo recuerdo que ella lloraba a lágrima viva en su casa.

Pero habla sobre todo de su vida posterior y de su trabajo con jóvenes en la parroquia, porque «en el fondo ella era muy maternal». Cuenta también de las visitas a su casa, donde:

—Nos reíamos de las anécdotas comunes, de las cosas de la vida. Yo pienso que ella fue feliz. Que la publicación de la novela le produjo un rato de amargura pero que luego se recuperó. Aunque sí sentí que de alguna manera ella quedó herida, pero se sobrepuso sobre todo porque mucha gente la hizo sentir apreciada, respetada y le expresó consideración.

Tras escuchar la confesión del padre Adalberto, me entero de que es la primera vez que habla de Margarita y que hacerlo le ha removido viejas emociones:

—A mí me dio dolor verla sufrir.

Cuando le agradezco su gentileza, reconoce que contar su historia es:

—Una deuda que tenía con ella, porque la novela la sacó de su apacible vida a una publicidad tormentosa. El suyo fue un horizonte que se estrechó. Aunque desde el punto de vista de la fe, su vida era muy clara, muy definida.

Cerca de nuestra partida, su amigo Blas le dice al reverendo que uno de sus primos de Sincé nos comentó que Adalberto es un hombre tan brillante que podría haber sido papa. El padre contesta con el chiste que le hizo a una de sus feligresas al respecto:

—Confórmense por ahora con que sea ñame.

Sin poder contenerme, le digo:

—Padre, a mí no me parece que usted pueda servir para papa. Usted no parece tocado por el gusanillo del poder.

Alcanzo a asustarme por mi propia audacia en los segundos que tarda en pensar su respuesta inolvidable:

—A mí no me ha tocado ese gusanillo.

Tras otra pausa continúa:

—Normalmente estoy mandándole dardos a la codicia del poder. Porque el poder es el avasallamiento de la voluntad del otro. Dios es amor y el amor es en esencia libre. Donde hay poder ya no hay espacio para el amor.

Le doy gracias al cielo por concederme en el más inesperado de los lugares las palabras para nombrar la contradicción que me movió a trabajar sobre García Márquez.

Al final hablamos del virus, los muertos cercanos y su preocupación por el nuevo pico que se anticipa en la región para el mes siguiente. Me cuenta de su frustración por no poder reabrir las sesiones colectivas para parejas en conflicto, indispensables para formar nuevas generaciones. Como nunca imaginé, me hallo lamentando que un cura no pueda reabrir su iglesia.

El retrato esbozado por el padre Adalberto confirmaba las impresiones que Blas Piña registró en su entrevista para *El Espectador*, donde presentaba a Margarita como «una mujer asequible y de firmes convicciones cristianas. Una dama cuya riqueza consiste en una modestia conmovedora, una sencillez que desarma y esa sabiduría adquirida en una vida de dolores, preocupaciones y trabajo que no le han dado tiempo para nimiedades». Aunque me había resistido a una imagen tan «virginal» de la «novia devuelta», ese cuadro coincidía también con la imagen que conservaban de ella las clientas y amigas de Margarita. Con ellas venía conversando por teléfono en preparación para mi viaje a Sincelejo.

Doña Judith Ponnefz es una mujer férrea, en cuerpo y alma, que goza de un retiro tardío, forzado por la pandemia, tras una larga carrera como gerente y fundadora en la industria de los seguros en la región. Una mujer que ama la justicia, y que conservaba en su oficina los tomos de derecho penal que no pudo estudiar formalmente, aunque sirvió como jurado de conciencia, testigo actuario del tribunal contencioso administrativo y secuestre de fincas embargadas por la Caja Agraria. Doña Judith describe a Margarita como:

—Una mujer muy abnegada tanto espiritualmente como en su vida profesional. Ella era el centro de toda su familia. Vivían juntas las tres hermanas. Las otras dos, Ermelina y Adela, estaban casadas pero separadas. Criaron juntas a los hijos, Anita, Beatriz y José David. Todo el mundo las quería y las respetaba. En esa casa el único hombre era el niño. Y los hermanos, cuando la familia de ella venía a visitar.

Doña Ludmila de la Espriella trabajó por más de treinta años para el departamento de Sucre como secretaria de Cultura y como directora de la Escuela de Bellas Artes. Allí sobrevivió a los embates de varios gobernadores del departamento, liberales y conservadores, que cada tanto hacían cuentas jugosas con reemplazarla por uno de sus súbditos. Doña Ludmila da fe de que:

—Después de que le pasó su fracaso y su historia, Margarita se hizo de misa y comunión todos los días. Y yo te lo digo con toda certeza porque yo también era de misa y comunión todos los días.

Más que su abnegación espiritual, desde el inicio de mis conversaciones con sus clientas me había intrigado de Margarita su dedicación profesional, la vida de la diseñadora cuya habilidad le había ganado la amistad de señoras de tantos medios y alcurnia como mis entrevistadas. Al llegar a Sincelejo, llevaba semanas imaginando sus obras: los vestidos con los que Blanca Guerra de Sebá asistía a las reuniones del Club Rotario en los Estados Unidos, o aquel traje de gala en gasa que terminó regalándole a la esposa de un gobernador que se enamoró del vestido; los diseños exclusivos con los que se lucía Ludmilita Rosales en las convenciones en Bogotá cuando dirigía Seguros Bolívar; la hermosa colección que le robaron a Judith Ponnefz cuando se le metieron en la casa y «me dejaron casi desnuda».

—Era una mujer extraordinariamente dotada en el arte de coser y bordar —dice Ludmilita Rosales, hija de doña Ludmila de la Espriella, cuyas descendientes vestían todas con las creaciones de Margarita—. Hacía cuellos y trabajaba el bordado en hilo de holán, que era dificilísimo. Le bordaba también los vestidos de hojalillo a mi mamá para mayo, mes de la virgen, cuando la tradición era vestir de blanco.

Su madre, cuyo cerebro continúa siendo prodigioso a los ochenta y siete años, me contó igualmente de lo último que le bordó.

—Unas toallas grandes para regalarle un 22 de abril al monseñor Héctor Jaramillo Duque, el obispo de Sucre.

La primera de las añoradas obras de Margarita que cayó en mis manos fue un vestidito de lino que hizo, ya en sus últimos años, para el bautismo de la hija de su vecina y amiga, Nelsy Monterroza. Nelsy vive aún en la casa de enfrente de la que fue la residencia de Margarita por cuatro décadas. Allí me recibió en mi tercera noche en Sincelejo, con Natali, la otra dueña del vestidito, ahora una joven espléndida que no quiso tomarse una foto junto al traje de su niñez, pero no pudo evitar posar para mi recuerdo. Unas florecillas de colores pasteles se destacan en el blanco amarillado por los años de un lino del que las polillas han hecho su almuerzo ocasional. Nelsy se apresuró a advertirme que lo que veía no era ni la sombra de las bellezas que Margarita bordaba, pero a mí me embelesó inevitablemente su huella viva en el vestido y en sus dueñas. Doña Blanca Guerra de Sebá me enviaría al día siguiente la foto de una falda blanca, atesorada por la que fuera la empleada doméstica de su dueña original, abierta en los lados a la altura de la rodilla para exhibir el cuidadoso calado. También a Blanca le debo dos retratos de su sobrina en su graduación como abogada en Barranquilla, envuelta en el delicado forro semitransparente grabado en torno a su cuello y sus hombros por las manos expertas de Margarita.

El taller de costura estaba ubicado al lado de la cárcel departamental de Sucre, hoy convertida en el Museo Arqueológico Zenú. Julio César, el director de la fototeca, guarda en su memoria el retrato etéreo de la ventana desde la que veía coser a Margarita, como en una celda más del presidio. Yo misma la había imaginado viviendo en una cárcel, pero aquella imagen de Margarita cosiendo habría de tomar otro tinte para mí durante mi rápida visita a Sincé, el primer día de mi estadía en el departamento de Sucre.

A Sincé llego junto a Irina Junieles y a su precioso perro, Oliverio. Hemos viajado juntas desde Cartagena durante sus vacaciones, y al final de esta semana me acompañará a Sucre-Sucre. En su pueblo nos recibe la señora Amanda, su mamá, con un almuerzo con «sopa y seco» del que no olvidaré el suero con ajo de la casa. De allí salimos a encontrarnos con Hugo Sierra, director y gestor de la hermosa casa de la cultura local, quien además de ser primo por línea materna de Irina, resulta serlo también del padre Adalberto Sierra. Hugo nos guía por un recorrido del pueblo diseñado alrededor de los lugares habitados por el papá de Gabo, Gabriel Eligio García, quien nació y pasó su juventud en Sincé. Es allí donde aprendió su primer oficio, el de telegrafista.

Al regresar a la casa de Amanda, noto en una esquina de la sala su máquina de coser.

—¿Tú también coses? —le pregunto recordando otra máquina que acabo de fotografiar en una de las paradas del recorrido.

—¡Claro! ¡A mí no me pueden quitar mi costura! —contesta. El énfasis alude a un conflicto tácito que interpreto como el afán de su hija de que deje de trabajar.

Mientras Irina me trae desde el cuarto unas piyamas de seda moradas que han sido un éxito entre sus amigas, yo alcanzo a preguntarle a Amanda por el vestido de flores que lleva puesto y que llamó mi atención desde que la vi por primera vez.

—Lo hice yo.

Le cuento entonces de la vocación frustrada de mi mamá. Después de cuarenta y ocho años enseñando, mi madre ha retornado a su antiguo sueño de aprender a coser durante su retiro en Maine.

—Ah, es que como profesora ella no podía —me dice—. Coser es un oficio de soledad, de mucha concentración y de soledad.

Como escribir, pienso yo.

Hace unos años, sentada en un parque de Portland, Maine, en esa época de profunda exploración en mí misma que me regaló la soltería, me descubrí escribiendo con una voz interior que no había reconocido. Era una parte de mí a la que había dejado de escuchar, supongo, desde aquella época en la que, cuando tenía unos diez años, había jugado por primera y única vez con muñecas, para hacerles ropa, y había concebido el sueño corto de ser diseñadora de modas. Contaba esa voz en el diario que aún conservo que estaba cansada de la displicencia de mis otras mujeres internas hacia ella. Se quejaba de la impaciencia y los regaños de mi ego, tan ajeno a las necesidades de mi cuerpo y tan tiránico contra mis emociones, que solía irritarse por el tiempo «perdido» en elegir la combinación de colores perfectos o el exacto par de zapatos. Era ella, reclamaba, la parte de mí que se encargaba nada menos que de la tarea diaria de prepararme para enfrentar un mundo que, como inmigrante, aún me resultaba algo hostil. Aquella voz interna pedía respeto y reconocimiento.

Desde entonces he gozado sin culpas ni reproches de los servicios de la más vanidosa de mis yoes. Pero me tomaría muchos años entender que aquella era la voz de la bisnieta de Josefa Tejada o Chepita, la señora de Sahagún, cuya propia máquina Singer negra es uno de mis escasos recuerdos de su casa con techo de palma. Aquella máquina, a la que mi mamá acabaría por reemplazarle el pedal mecánico por uno eléctrico, vagaría por muchos años entre nuestros hogares de alquiler en Cartagena, cuando esa, su única herencia, pasó a manos de su nieta adorada. La que escribía era también la voz de la descendiente de la niña Toña, mi abuela paterna, a quien debo uno de mis primeros regalos: una colección de trajecitos hechos con los retazos de las telas con que cosía los vestidos de sus amigas de la colonia sirio-libanesa de la ciudad de Montería. La voz que había escrito ese día en Portland, indignada contra mis demás mujeres internas por haberla injustamente silenciado, me preparaba aún sin yo saberlo para reconocer el legado de Margarita Chica.

En aquellos tiempos en que las modistas creaban y ajustaban directamente sobre cada cuerpo el traje que nos haría lucir admiradas, deseadas, dueñas por fin de nuestra belleza, perfectas en el momento crucial, Margarita Chica fue una de esas curadoras de ilusiones, una de las más cotizadas diseñadoras de Sincelejo. De su taller doméstico con ventana a la calle salieron las preciosas piezas que iban poblando el «baúl de la esperanza» y los trajes de las docenas de señoritas que caminaron por la catedral de Sincelejo con los vestidos confeccionados por «la novia devuelta».

—Hacía unos dibujos divinos en papel —describe doña Rebeca Pereira, madre de uno de los ahijados de Margarita en el barrio Palermo—. Luego los extendía con la tela en el tambor que ponía en la máquina de coser para hacer los huecos.

—¿En la misma máquina de coser?

—Sí, la misma máquina Singer traía un accesorio para bordar.

Su amiga Blanca se reía diciéndole que le iba a salir un callo en la frente por la posición que demandaba el bordado con la cabeza apoyada sobre un eje metálico.

Fueron esas mujeres, las amigas que había hecho mientras las vestía, las primeras en movilizarse desde sus casas elegantes para cerrar filas alrededor de Margarita cuando se desató el escándalo de su identificación con el personaje de *Crónica de una muerte anunciada*. Blanca Guerra de Sebá la encontró tirada en una cama.

—Lo que esa mujer lloró no tiene nombre. «¿Cómo me hace esto?», me decía [refiriéndose a García Márquez]. «Eso pasó hace muchos años… qué cínico es. ¿Como olvidó ya que mi familia le tendió la mano cuando llegaron a Sucre-Sucre?».

El padre Adalberto recuerda aún la grata sorpresa que fue para él la solidaridad colectiva de las clientas de Margarita:

—Muchas señoras de Sincelejo se fueron a su casa a consolarla. Hablo de señoras como Soat Quessep, dueña del almacén Beatriz, también muy respetada, que se vino desde su almacén a abrazarla y consolarla. La gente que la conocía le tenía mucho afecto y respeto y sintieron como propio el descrédito en que la puso la narración de la historia contada como se contó.

Aún hoy, Judith Ponnefz afirma indignada que:

—Esa fue la canallada más grande para mí que cometió García Márquez. La calumnia más grande.

Mercedes Pastor, hoy la directora del Museo Arqueológico Zenú, conoció a Margarita precisamente cuando el *Magazín al día* la sacó del anonimato. Mercedes era entonces una jovencita que residía en un barrio aledaño, donde vivía una sobrina de los Gentile Chimento, la familia de Cayetano. En casa de su amiga escucharon la historia y entre las dos idearon de inmediato un plan para conocer a la novia devuelta. Se aparecieron en el taller de costura diciendo que tenían que hacerse unas pantalonetas para un evento del colegio.

—Yo me asomé por la ventana y allí estaba esa señora cosiendo. Ella nos atendió y nos dijo que volviéramos al día siguiente para tomarnos las medidas.

Con una sonrisa que conserva algo de la picardía del momento, Mercedes me aclara:

—Era una de esas maldades que uno hacía de pelá.

Las jóvenes no volvieron a tomarse las medidas, pero Mercedes Pastor no olvidó ese encuentro.

—Cuando yo me asomé por esa ventana, me acordé de mi mamá.

La madre de Mercedes, la señora Nieves de Pastor, era otra bordadora y enseñaba en la academia Instituto Eva, una prestigiosa institución de la moda donde «había hasta estudiantes internas que se graduaban con una ceremonia elegantísima».

—Yo me ponía junto a la máquina a mirar cómo la aguja se movía en el tambor haciendo sus figuras —recuerda Mercedes.

Entrenada por su madre, aquella muchacha traviesa podía reconocer lo que vio ese día:

—Margarita era una mujer de empresa, una costurera de prestigio.

Al lado de sus clientas, el otro pilar de Margarita durante el escándalo de la publicación de la novela fueron sus amigas del barrio Palermo. Entre ellas estaba la madre de Nelsy y abuela de la niña del vestido de bautismo, Rita Hernández de Monterroza, cuyo viudo, Dimas Monterroza, recibió también mi visita en su casa de Palermo aquella noche en Sincelejo en que vi y toqué por fin una creación de Margarita. Mayo Támara vivía al lado de los Monterroza y era casi una hermana más de las Chica. Otra de esas grandes amigas era Rebeca Pereira, una de sus comadres, a quien le tocaría en el momento de su muerte el infortunio de tener que levantar del suelo el cuerpo de Margarita.

—Después de que acababan la costura, las señoras del barrio se reunían en esa casa y se ponían a jugar cartas en el patio de las Chica —recuerda Mercedes—. Eran tan cercanas que en el barrio se creía que si se moría una del grupo, se morirían las demás.

La mayoría de esas señoras eran mujeres «quedadas o casa solas» me había contado esa misma tarde otro de los «niños» del barrio, Migue Ospina.

—Les gustaban mucho las cartas, fumar como locas y tomar café.

Migue me recibió en su espectacular «casa abierta», un híbrido entre galería y centro de eventos, en el que convirtió el que fuera el hogar de sus abuelos. Sentados en dos columpios hechos de muebles rescatados que cuelgan de las ramas de un mango en la casa de árbol más grande que haya visto, Migue me dijo que no recordaba el escándalo de la publicación de la novela, porque él era muy chiquito. Es más:

—Yo nunca la vi triste. Ella pasó la página, porque aquí en el barrio se dio a conocer. Y la señora a la que yo conocía nada tenía que ver con la mujer «rota» a la que devolvieron en la novela.

Migue, como muchos niños y niñas de Sincelejo, leyó *Crónica de una muerte anunciada* en el colegio. Vio a su vez la película:

—Cuando la pasaron por Premier Caracol fue todo un alboroto. «Esa es la novela de la Niña Margo», decían. Y todo el mundo la vio.

—¿Y qué pasó?

—¿Qué iba a pasar? Era una película más. No tenía nada que ver con la imagen que nos habíamos creado de ella. Para nosotros era una mujer alegre, risueña, dulce, que nos daba tanto cariño.

Se conocía el rumor de que Margarita se veía con «su marido». Pero, según insiste Migue Ospina:

—Yo veía esa casa era llena de puras mujeres. Excepto por José David, el sobrino mayor, y el hijo de Anita, Luchito, el mimado de la casa. José David heredó el arte de Margarita.

Mientras admiro en segundo plano una de las piezas de la galería de Migue, un pájaro monumental hecho de un material irreconocible que alguna vez fue basura, el artista me explica que, aunque José David es abogado, también diseña accesorios y decora mochilas.

El recuerdo más vivo del cariño que Margarita regalaba a los niños del barrio es, sin duda, el montaje del pesebre gigante que armaba en el patio de su casa, y en donde se hacían todos los años las novenas de diciembre. Migue recuerda que:

—Nos preparábamos el sábado o el domingo y nos íbamos para una finca a buscar la barba de mico. La armada del pesebre era apoteósica. Y el cierre, porque ella conseguía regalos para todos. Todas las noches se hacía la novena y nos daban colombinas, y luego el 24 nos daban regalos.

Nelsy Monterroza me aclarará más tarde que la finca a la que Migue se refiere es la de las monjas del Colegio de Las Mercedes, y que la «barba de mico» es una planta con la que se rellenan los pesebres. Nelsy organizaba el coro, hacía las guarachas con tapas de botellas de gaseosa y ponía música de fondo desde su casa, al frente, para cantar los villancicos.

—Eso era un jolgorio. Aunque a veces se formaban peleas porque había mucho pelao travieso. Margo regañaba a los niños y amenazaba con dejar sin regalos a los que se echaran peos. Muchas generaciones pasamos por ese pesebre.

Tras hacer mis cálculos sobre las diferencias de edad entre Nelsy, Migue y Natali, la dueña del vestidito de bautismo que me ha recibido con su madre esta noche, concluyo que es cierto que el pesebre de la Niña Margo dejó su huella en varias generaciones.

Cuando le pregunto por las consecuencias de la publicación de la novela sobre Margarita, Nelsy, que tenía entonces casi la edad de su hija hoy, me dice:

—Cerraron la casa y no la abrieron más, hasta que ella dio la entrevista.

Se refiere a la entrevista con Blas Piña que publicó *El Espectador*.

—Pero Margo no cambió. Ella fue siempre la misma persona. Cuando se murió fue duro aquí en el barrio porque era muy querida. Natali hasta quiso que la llevara al entierro. Tenía solo cinco o seis años y me la tuve que llevar. Por un tiempo se siguió hablando de ella, de todo lo bueno que ella tenía. A mí, siempre que me sentaba a la puerta, me entraba la nostalgia, así que un día le tomé una foto, cuando me enteré de que la casa la iban a vender.

Hoy la casa ha sido convertida en dos locales comerciales, uno de los cuales parece un gimnasio. En el otro se anuncia en inglés «*nails, spa, bar*».

Dos meses antes de quedarse sin aire, Margarita llamó a Iván Acuña, su abogado, y le dijo que «tenía los pulmones llenos de agua». El padre Adalberto dice no haber visto venir esa muerte. Blanca Guerra de Sebá, quien tras haberse mudado a otro barrio tenía noticias escasas de las Chica, cuenta que le sorprendió enterarse por una amiga en común de que Margarita estaba muy mal con el cáncer. Blanca fue ese mismo día a su encuentro y halló a su buena amiga en las últimas. Aunque le dijeron que era probable que ya no pudiera reconocerla, Margarita gritó al verla, abriéndole los brazos desde la cama: «¡Blanquita Sebá!, te tengo unos dibujos divinos que te voy a bordar en un vestido en cuanto salga de estas».

La amiga prometió volver al día siguiente y llevarle perfumes y lociones, que eran de sus regalos favoritos.

—Saliendo yo de la casa, murió —recuerda con tristeza Blanquita, a quien encontré en medio de su duelo más reciente, por su esposo, el apreciado profesor Arturo Sebá.

Doña Rebeca Pereira, comadre y vecina de Margarita, llegó a la casa justo en el momento final, y tuvo que ayudar a levantarla junto a su sobrino José David, el único de sus familiares que estuvo con ella hasta el final. Doña Rebeca aún recuerda lo mucho que pesaba ese cuerpo, que tuvieron que poner de vuelta en la cama porque se había caído.

Judith Ponnefz dice que el padre Adalberto estremeció la iglesia con una misa en la que rechazó iracundo la ignominia que había rodeado la vida de una mujer de bondad inapelable e infinitamente amorosa.

Cuenta José David que no se cansó de repetirle hasta las últimas:

—Te amo, te amo, te amo. Porque yo era su hijo, y así se lo decía.

Y es que el verdadero hombre de la vida de Margarita Chica Salas, su amor correspondido, fue José David Rodríguez Chica, a quien crio como a su propio hijo. Ermelina, su hermana, quien se la pasaba viajando por trabajo entre Barranquilla, Venezuela y los Estados Unidos, se lo llevó a los veintitrés días de nacido, tras ponerle el nombre que Margarita habría querido darle a un niño suyo. Desde entonces, la tía lo presentó como propio, al punto que no faltó quien adjudicara su origen a Margarita y Miguel.

—El único ser que me amó con locura fue ella. Me defendía como no tienes idea.

Eso me dijo José David la tarde de la primera conversación que tuve con él desde Bogotá, por teléfono, tras varios intentos de verlo en Sincelejo, en Tolú, en Rincón del Mar, o a donde quiera que me hubiera tocado ir a buscarlo, porque José David fue el único de los sobrinos que se criaron con Margarita que aceptó conversar conmigo. Para cuando hablé con él, ya había comprendido que mi interés en la historia de Margarita no se alineaba completamente con las prioridades de su familia, y que el cuadro más íntimo de la Niña Margo escapaba a los límites de este libro. Pero no podía renunciar a conocer esa historia desde adentro.

José David era un niño cuando el escándalo de la novela sacudió los cimientos de su familia. Sin embargo, recuerda que todos tuvieron que encerrarse para conjurar el asedio, tras una invasión de periodistas en la que el más osado se voló por la paredilla del lote que colindaba con el patio. La casa de Margarita era, y volvería a ser pasada la tormenta, una casa de puertas abiertas, en la que «todo el mundo llegaba a buscar café». Pero de algún modo la familia de Margarita no ha salido jamás del cerco que construyó para escapar de la vergüenza.

—A ella todo el mundo la sacrificó —me dijo José David con notable indignación en su voz—. Ella fue una víctima hasta de su madre y de sus hermanas. Porque a ella la encerraron y ella pagó con cárcel en vida.

Pero su madre no se dedicó a sufrir, aclara enfático:

—Su historia fue muy dura, pero tú nunca la viste deprimida. Era el ser humano más maravilloso, un ser lleno de alegría que a todo el que llegaba a su casa lo recibía con cariño. Yo no siento ninguna vergüenza. Yo lo que puedo sentir es un absoluto orgullo, porque ella es el ser más lleno de Dios que he conocido.

Fue José David quien descolgó el teléfono cuando, ya cerca de su muerte, García Márquez se decidió a llamar a Margarita. Una voz extrañamente familiar indagó quién le había contestado y luego le preguntó con cautela: «¿Me dejas hablar con Margarita?». De aquella comunicación había leído yo en el libro de Fujiwara. Llamaba a disculparse, dice José David, quien recuerda que también las hermanas García Márquez la habían contactado tras la publicación de la novela y se habían solidarizado con Margarita contra todo el aparataje publicitario que reveló, al igual que su historia novelada, el nombre de la novia devuelta. Lo de García Márquez «fue una venganza», dice José David, quien no puede explicarse de otra manera la traición de un hombre cuya familia había sobrevivido al llegar a Sucre-Sucre por el apoyo de su abuelo. Pues a diferencia de la retratada por García Márquez, asegura el nieto, la familia Chica Salas había sido acomodada. Su abuelo fue un recaudador de impuestos y poseía lanchas y una tostadora de café. Según me había contado a su vez Margot García Márquez, la familia Chica había acogido a la de Gabriel Eligio y Luisa Santiaga cuando llegaron, y les habían ayudado a establecerse en el pueblo.

Los verdaderos motivos del alegado afán de venganza adjudicado a García Márquez son parte del arsenal que se reserva José David para defender a su madre. Baste decir que me ayudó a descartar las dos razones que, con base en la novela y el libro de Fujiwara, a mí se me ocurrieron: ¿un posible amorío entre Margarita y García Márquez? No. ¿Que el futuro escritor podría haber estado enamorado de Cayetano? Tampoco. Esa, entre otras revelaciones, permanecen a la espera, pues desde nuestro primer intercambio por WhatsApp, José David me dejó claro que planea contar esta historia a su manera, que es él quien ha de hablar en nombre de su madre y narrar esa vida de renuncias impuestas y elegidas.

Entre risa y tristeza, José David me contó las veces que ha tenido que pasar de incógnito o literalmente esconderse, aun después de muerta Margarita, para huir de periodistas agazapados, sus secuaces y sus ofertas en dólares por contar la historia de la novia devuelta. En alguna ocasión adelantó conversaciones con un editor, pero José David intuyó su intención de ponerle palabras en la boca, con ese mismo morbo amarillista que también yo encontré en cada reportaje escrito o filmado en torno a la vida de su madre. El hijo ha decidido que no es así como se ha de contar esta historia.

—Mi compromiso y deber es con ella.

Todavía la extraña, sobre todo en sus cumpleaños, que no han vuelto a ser los mismos sin Margarita para despertarlo a besos. Desde donde esté, imagino a su madre celebrando todavía cada año de ese regalo que le dio la vida.

Sentada ante los cerros bogotanos desde la casa de mi amiga Olga, tomando notas en el reverso de las copias llenas de firmas inútiles que saqué del folio de la demanda contra *Magazín al día*, y que había recogido esa misma mañana, me sobrecogió el dolor de ese hijo recién descubierto y la confianza que puso en mí. Estaba claro que era yo quien tenía la responsabilidad de contarle a José David lo que había averiguado sobre su madre, y así lo hice. Lo escuché confirmar, ampliar o disentir, cuidándome de no preguntar demasiado, porque estoy igualmente convencida de que solo él tiene derecho a colorear con su memoria el esbozo aquí insinuado de la verdadera historia de Margarita y sus amores. Tras poco más de hora y media en el teléfono, me alivió pensar en haberle dado algo de tranquilidad con la revelación de mis propias pesquisas. Así lo confirmé cuando me ofreció acompañarlo en el futuro en su aventura como narrador.

Al final de ese viaje entendí por qué García Márquez no buscó a Margarita antes de novelar su vida. A juzgar por la «auténtica decencia» que, a regañadientes, el cronista le concede a Ángela Vicario durante su entrevista imaginaria cerca del final de la novela, las García Márquez habían logrado transmitirle al hermano la dignidad renovada de la novia devuelta. Atestiguarla directamente habría complicado aún más el proyecto del escritor, pues la historia de ese personaje, que no en vano se le salió de las manos, no era la que él había elegido contar. De un modo que aún no logro explicarme, yo había heredado esa responsabilidad. Para cuando volví de Sincelejo, había adquirido además un compromiso con cada uno de los que me acogieron, en particular, con las mujeres que me revelaron el coraje de su amiga. Me quedaba también el deber con Margarita, cuyo espíritu inquebrantable me ha acompañado en la escritura de cada página de este libro.

Entretanto, a fuerza de hablar de los retazos que compondrían mi crónica, fui entendiendo que mi propio cometido se había complicado. La historia de los amores de Margarita reverberaba entre mis oyentes, motivando no solo su solidaridad, sino el reconocimiento de los dilemas de madres, tías y, aunque por razones menos obvias, los de mis propias amigas. De este modo comprendí que a mi itinerario le faltaba irremediablemente una parada: un recorrido hacia adentro sin el cual no habría podido entender hasta qué punto, pese al ocaso de Margarita, Margot y mi abuela, quedábamos entre sus descendientes un mundo de Margaritas.

11. Crónica de una educación sentimental: Margarita y nosotras

Desde que leí por primera vez el testimonio de Margarita Chica Salas en las páginas de *El Espectador*, supe que tenía que contar su historia. Desde entonces he peleado también con temores propios y ajenos para llevar a cabo este propósito. Me detenía, sobre todo, la reticencia a exponerla una vez más al juicio de los lectores. Aún hoy no me creo capaz de explicar los dilemas de la mujer de carne y hueso, escindida por una sed de amor irreprochable, las convenciones de una sociedad hipócrita y violenta contra la expresión de la sexualidad de las mujeres, y los ires y venires de un amante narcisista. Tampoco sé todavía si acreditarle el anacronismo delatado por sus «errores» a una ingenua osadía o a un acto de rebeldía: ¿cómo fue posible que Margarita no previera las consecuencias de sus amores en una sociedad tan retrógrada como la suya? ¿O acaso se resistió a aceptar las reglas del juego y prefirió apostarle a un cambio que se tardaría demasiado en llegar?

Lo cierto es que la manera de amar de Margarita era demasiado «moderna» para su contexto. Cuando Cayetano la dejó, a sus dieciséis años, calló lo sucedido y lo libró de lo que entonces se consideraba responsabilidad del novio. Es difícil saber cuánto de ese primer «error», al que Margarita acreditó su desgracia, se debiera a la vergüenza, y cuánto a la dignidad de la joven que no quería obligar a casarse con ella a un hombre que la había rechazado. En todo caso, al aparecer Miguel, a sus dieciocho, como cualquier mujer de nuestros tiempos, Margarita dio por cerrado el capítulo anterior y le apostó a su nuevo amor.

Solo la ceguera del enamoramiento puede explicar el segundo gran error de Margarita: imaginar que Miguel podría pasar por encima de la convención social, y de su ego herido, para quedarse con esa pieza magullada que para entonces era el cuerpo y la reputación de su esposa. Miguel carecía del coraje y del amor por ella. Margarita tenía diecinueve años cuando su devolución detonó la ira de sus hermanos y la muerte de Cayetano Gentile. La familia le cobró la restitución de su honor con fidelidad eterna a los vengadores de la deshonra. De modo que sus opciones en el terreno del amor eran ya muy reducidas ocho años después, cuando su esposo regresó a ofrecerle un «final feliz», aunque otros fueran sus verdaderos planes. Amar a Miguel era quizás la única avenida disponible hacia algo de placer, y la única forma de resistencia que le quedaba en un mundo que la había juzgado y condenado por amar. Margarita Chica no había cumplido los cincuenta años cuando la publicación de la novela de García Márquez, y la espectacular cobertura mediática que la acompañó, renovaron su condena.

Sin embargo, otras fueron las revoluciones silenciosas libradas por esta mujer. Margarita Chica vivió del fruto de su trabajo, moldeó los amores felices y tormentosos de otras mujeres, cultivó amistades entrañables, tocó con su bondad a varias generaciones de niños, crio a un «hijo» y a varios sobrinos.

De vuelta a la versión novelada de su historia, mientras la motivación de García Márquez al escribir *Crónica de una muerte anunciada* fue indagar en las condiciones que hicieron posible el asesinato de su amigo y sus responsables, la de mi propia crónica ha sido entender las que facilitaron la violencia ejercida sobre la novia devuelta. Se trata, en últimas, de motivaciones complementarias, vinculadas por una misma preocupación por la durabilidad del poder social, pese a su injusticia y su violencia. Sin embargo, mi atención se dirige a los resortes íntimos que habilitan su persistencia, es decir, a los mecanismos que garantizan nuestra complicidad con las fuerzas que nos oprimen no solo en nuestras elecciones conscientes, sino al nivel de nuestros cuerpos, emociones y afectos. Como ferviente defensora del poder de las historias, mi propósito ha sido, además, entender el papel de la literatura tanto en la permanencia como en la superación de esas condiciones.

Si «la caza del amor es altanería», como señala el epígrafe e ilustra la trama de la *Crónica* de García Márquez, los amantes estamos sentenciados a buscar la dominación en el amor; quizás incluso a amar las fuerzas que nos rinden a la posición de dominadores o dominados. Si, además, como apunta Eudine Barriteau, el amor heterosexual es aún un contrato de explotación del potencial amoroso de las mujeres al servicio del poder íntimo y social de nuestros amados, no es de extrañar que desde los estaños superiores hasta los más bajos de la jerarquía social, muchos hombres sigan encontrando sugestiva su perpetua cacería. Las mujeres, localizadas por tradición en la posición de la presa, continuamos, por extensión, atrapadas por una paradoja insalvable: la búsqueda de la realización de nuestras necesidades sexuales y afectivas en circunstancias que promueven la supeditación de nuestra voluntad y nuestro amor propio a los deseos y urgencias de los otros. En vista del empoderamiento educativo y laboral de cada vez más mujeres y el consecuente debilitamiento de la coartada económica de la superioridad masculina, cabe preguntarse por qué tantas de nosotras todavía aceptamos ese sacrificio. A juzgar por la voluntaria renuncia de su albedrío que precede al «final feliz» diseñado por García Márquez para Ángela Vicario, la clave reside en la confluencia de la sexualidad y el amor con la violencia o, más bien, en la justificación de la cadena de violencias desatada por el deseo de dominar e imponerse en el amor. Nada de esto se lo ha inventado García Márquez. El problema de fondo está en unas formas de entender y vivir el amor que la ficción recicla y refuerza.

No he encontrado mejor manera de hacerle justicia a la complejidad de la historia de Margarita Chica que lanzarme con «mi personaje» al ruedo, para ilustrar por qué estoy convencida de que las fuerzas que definieron el camino de la novia devuelta marcan aún la trayectoria de las mujeres de mi generación. Mi propósito final es examinar ya no solo por qué Margarita aceptó las condiciones injustas que le impusieron sus amores, sino por qué seguimos siendo las mujeres de hoy tan vulnerables a las violencias agazapadas tras la fachada del amor, en la literatura y en la realidad. Me valdré del recuento de mi propia educación sentimental, narrado en la primera persona de un singular hecho en colectivo, que amerita nombrar a las mujeres cuya solidaridad, honestidad y generosa escucha mutua han hecho de mi vida una aventura gozosa, aun en sus estadios dolorosos: mis amigas. Por resumir, aunque no logre abarcarlas, diré que esas amigas son mujeres caribeñas, colombianas, argentinas, chilenas, mexicanas, españolas y otras europeas, asiáticas y estadounidenses, crecidas la mayoría en el último cuarto del siglo anterior en pueblos y ciudades capitales o de provincia; algunas arraigadas, otras migrantes; étnica y racialmente diversas; heterosexuales y queer; algunas madres, otras alérgicas a los bebés y a la cocina; todas trabajadoras incansables. Entre nuestros logros, como me hizo notar una de ellas, suman más los títulos posgraduados que los proyectos de familia, aunque no siempre por elección deliberada. Las invoco aquí porque en el fuego compartido de nuestras peripecias amorosas, y gracias a su infinita paciencia ante mi obsesión por dar sentido a lo vivido, se ha cocinado este, mi propio epílogo.

Debo advertir asimismo que hablo desde las limitaciones de mis relaciones heterosexuales, y que, aunque soy directa beneficiaria de la capacidad de amar de los hombres, no me siento equipada para abordar la experiencia masculina del amor. Así que cuento con la audacia de mis lectorxs para trazar paralelos y contrastes.

Desde que tengo memoria me ha confundido la inconsistencia en los comportamientos y discursos en torno al sexo y al amor que observaba a mi alrededor. De niña me inquietaban los diferentes sentidos que las mismas palabras o acciones parecían invocar para hombres y mujeres; y los silencios, las muchas cosas que, sobre estos asuntos, se daban por entendidas, aunque nadie se tomaba el trabajo de explicármelas. Con el tiempo comprendería que mi confusión no era excepcional; por el contrario, es parte del diseño que mantiene a las mujeres atadas a formas de amar que nos denigran y vulneran.

La escuela más decisiva en mi temprana introducción a estos asuntos fue sin duda el dolor de mi mamá con cada amante nueva de mi papá, incluidas las madres de los hijos que engendró fuera del matrimonio. Mi padre, un soñador deslumbrante que invertía el dinero que no teníamos en comprar libros en vez de muebles en una casa semivacía, fue también el primer hombre al que yo amé. Ese macho de izquierda, que me adoró sin reservas, puso el mundo al alcance de mi inteligencia y me enseñó, entre otras cosas, a usar el poder de las palabras. Con él aprendí a desconfiar de las piruetas verbales con las que los más astutos maquillan la defensa de sus privilegios. Su insistencia en criarnos sin un credo religioso me ahorró además la batalla interior forzada por la visión pecaminosa de la sexualidad femenina. Paradójicamente mi padre no entendió hasta muy tarde que el horizonte que le abría a su hija acabaría por chocar contra el cerco que estrechaba alrededor de su esposa. Pues, aunque admiraba el ansia de libertad que la había hecho elegir a un «rebelde» como él, pudo más su urgencia de controlarla, con ayuda de la educación tradicional que ella había recibido. De allí que mi vida amorosa haya sido, como la de muchas niñas intelectualmente curiosas que conozco, una huida despavorida de la situación de mi madre, para ser tan libre como percibía a mi papá. En medio de mi fuga, no pude evadir los espejismos forjados por la idealización de ese padre, aunque mi voluntad consciente no habría elegido jamás como pareja a un hombre como él.

Otra clave de mi formación amorosa reside en uno de los recuerdos más intensos de mi infancia. Tenía nueve años, la edad de Margarita cuando se enamoró de Cayetano. Mi mamá me había llamado para preguntarme si había algo que tenía que compartir con ella, dándome la oportunidad de decirle «la verdad», que yo desperdicié porque no entendía de qué me hablaba. No fue hasta que me mostró la irrefutable prueba de mi deshonestidad, que recordé haber escrito aquella, mi primera carta de amor, pero no hubo manera de convencerla de que se podía olvidar tan importante declaración. En su momento entendí que la «traición» que tanto indignó a mi madre no estaba en la alegada mentira ni en el sentimiento que inspiró aquella carta —cuyo destinatario, como el de Ángela, nunca la leyó— sino en el atrevimiento de la niña que lo confesó, y por escrito. Como nunca perdí la costumbre de tomar la iniciativa, pude constatar que el efecto más común de ese atrevimiento es que los hombres huyan, o que abusen, pues las mujeres con interés e iniciativa erótica seguimos siendo, a pesar de las nuevas tendencias, intimidantes, prescindibles o dignas de ser «adiestradas». Escribir nos hace aún más exóticas. También he podido constatar, por suerte, que hay quienes aman nuestro arrojo.

Para cuando tenía la edad en que Margarita empezó su noviazgo con Cayetano, los catorce años, había tenido un enamorado demasiado respetuoso y una deliciosa aventura con un chico mayor bastante atrevido. Recuerdo a esa edad haberle dicho a otro pretendiente que mi «primera vez» pasaría cuando *yo* estuviera lista, y con un hombre al que *no* amara. Pues ya para entonces sabía que únicamente de las mujeres se esperaba que tuviéramos sexo solo si sentíamos amor. Había entendido también que lo último que necesitaba en la vida era que un hombre me pusiera un sello de propiedad por haberse llevado el trofeo de mi virginidad, o el de mi amor. Como era de esperarse, mi negativa a aceptar los términos que me permitirían ser amada no me hizo nada popular. La Cartagena de mi adolescencia era, aunque con menos turistas, la misma urbe provincial de calles y conciencias amuralladas que no ha dejado de ser hoy. Pasé mucho de aquella época en soledad, huyendo de convertirme en esa versión postiza de nosotras mismas que, según veía entre mis congéneres, resultaba de la negociación entre el acoso ajeno y el de nuestras propias hormonas. El hecho de asistir a una escuela pública femenina, mi perfil de nerd, el acné y una gordura que, a juzgar por mis fotos, era menos dramática de lo que recuerdo contribuyeron a que pasara varios años ajena al mercado de la carne; si bien no me libré de las consecuencias de no sentirme «deseable». En los últimos años, leyendo a las escritoras que han emergido de esa ciudad de inquietantes contradicciones, he podido constatar que no fui la única en sufrir ese dilema[3]. Cuando me di por lista, le hice ojitos a un cazador anónimo y resolví sin protocolos el problema aquel de la virginidad. Ya sin afán, me tomé mi tiempo para emparejarme y disfrutar del sexo con alguien a quien amaba, pero tendrían que pasar aún más años y amores para que pudiera por fin expresar la sensualidad de mi cuerpo, sin sentir que peligraba el que para mí era su atributo principal, mi cerebro.

El primero de mis amores de cuerpo y alma fue uno de los DJ del bailadero de salsa al que asistía religiosamente los fines de semana en el barrio Getsemaní en Cartagena, otrora un arrabal de negros y mulatos independentistas del que él, orgullosamente, desciende. Aquella fue mi introducción en otro eje de mi confusión, el color correcto del amor. Ya para entonces conocía el cuento de que había que casarse con hombres más blancos para «mejorar la raza». Se lo había oído a una maestra de apellidos españoles, blanquísima y de ojos verdes, en un salón del colegio público donde estudié la secundaria, repleto de jovencitas negras, mulatas y mestizas. De la batalla de esas mujeres para amarse a sí mismas en ese baluarte del racismo que sigue siendo Cartagena he sido igualmente testigo. Crecí viendo a mis amigas «morenas» abrirse paso a fuerza de dignidad y de malas caras entre las «miradas viscosas» de propios y visitantes[4]. No era que a mí no me

---

[3]   Ejemplos de escritoras contemporáneas que han narrado su historia de crecimiento en Cartagena de Indias son los de Margarita García Robayo y Vanessa Rosales. Patricia Engel remite también las contradicciones que la protagonista de *Las venas del océano* tiene con el amor y la violencia a la crianza de su madre en un barrio del centro de la ciudad.

[4]   El término es de Mayra Santos Febres, que se refiere de este modo a la lascivia de uno de sus personajes en *Nuestra señora de la noche*.

rozaran con su lascivia —y no solo con la mirada—, pero no lo hacían con la tamaña insolencia, con el «derecho» que siguen reservándose para las pieles más oscuras. Algo de eso vendría a sufrir en carne propia en los Estados Unidos, donde dejé de ser la «trigueña» que había sido en el Caribe, para ser racializada como la exuberante «latina» impuesta por Hollywood en las fantasías de los locales. La compulsión ante la negritud en el imaginario angloamericano, con su escisión irreconciliable en favor del blanco y su regla de que una gota de sangre africana te hace irrebatiblemente negro, me llevaría también a asumir la afrodescendencia de mi propia familia. Pues, aunque diluidas en una mezcla de ancestros aborígenes, españoles y sirio-libaneses, ya inseparables en nuestra fisionomía, en mi familia abundan esas gotas.

Lo vivido no es comparable, en todo caso, con lo que he visto resistir, ante sí mismas y ante los otros, a mis compañeras, amigas y parientas mulatas y negras, o a las más visiblemente «indígenas». Recientemente también a mis amigas asiático-americanas. Esa es una carga de la que hablan cada vez más escritoras en primera persona, y de la que aún nos queda mucho, a todas, por aprender. No he visto detractoras más lúcidas de los sofismas del poder que esas mujeres que han sufrido la opresión desde todos sus ejes. Una mención indispensable entre mis maestras negras es la de la teórica feminista afroamericana bell hooks, a quien no puedo darle suficiente crédito por haberme orientado en medio de mi confusión. Gracias a ella pude nombrar la herida fundacional de la feminidad, surgida de vivir en sociedades donde aprendemos desde muy niñas que las mujeres tenemos que «ganarnos» el amor. Fue ella también quien me regaló las palabras para cuestionar la percepción común del amor de pareja como esa conexión «natural» que rinde nuestra voluntad a las emociones y sensaciones que nos producen aquellos a quienes deseamos o «necesitamos», y quien me animó a seguir imaginando, en cambio, el amor como la elección de crecer y empoderarse mutuamente por medio del cuidado, el reconocimiento, el respeto, la confianza y el compromiso compartidos.

Volviendo a mi amor de juventud, aunque fueron pocos quienes se atrevieron a decírmelo, a fuerza de miradas suspicaces no me quedó duda de que, para los demás, mi elección de pareja era una trasgresión incomprensible. Mis padres, quizás temiendo la prolongación de mi soledad, optaron por observar de cerca la evolución de aquel capítulo sin intervenir, aunque no pudieron disimular su reticencia. Supongo que ese fue el momento en que estuve más cerca de encarnar a la heroína romántica, enamorada del rebelde y rebelde en su obstinación, dispuesta a pasar por encima de los obstáculos materiales y las convenciones sociales para darlo «todo por amor». La realidad era mucho menos melodramática: mi novio y yo nos adorábamos, y gozábamos tanto juntos que el mundo entero nos sobraba. Cuando llegó el momento de irme a estudiar al extranjero, nos despedimos con la esperanza de hacer funcionar esa relación desde la distancia. Fracasamos en el intento, y no solo por la distancia. En todo caso, aquel amor se convirtió en un punto de referencia para mí, en la encarnación de la dulzura y el placer de sentirme amada por alguien que tuvo el coraje para asumir la vulnerabilidad de quererme sin intentar controlarme. Le debo a la certeza derivada de ese amor imperfecto pero correspondido el no haberme conformado con sus imitaciones sin brillo en la década y media que pasó entre mi primer novio y el hombre con el que he elegido hacer familia.

Podría decir que el plan ideado por la niña racional y terca que se rebeló contra el yugo del sexo y el amor funcionó. Sin embargo, mentiría si no admitiera que habría abandonado dichosamente aquel plan si, a los dieciséis, cuando me volví loca por mi mejor amigo, él me hubiera correspondido. Ese amor inauguró otra línea ineludible en mi historia sentimental, la de los romances fallidos. El dolor de ese primer rechazo sería mi otro gran punto de referencia con cada nuevo laboratorio vivo en la ciencia de amar, y con cada accidente aciago.

Entre las muchas de mis amadas cómplices, con quienes nos hemos acompañado en esos trances tormentosos, no recuerdo una que haya salido de la tusa desgraciada que te dejan los que se niegan a quererte, sin haberse embriagado otra vez con el látigo del ¿por qué?, ¿por qué no fui yo «la elegida»?, y sin haber imaginado alguna versión de los escenarios improbables, «si se hubiera atrevido a superar su miedo» o «si entendiera ahora que en realidad me ama». Tampoco conozco ninguna inmune al golpe contra la estima propia de esos fracasos, pues, aunque hayan sido ellos los egoístas, los inconstantes, los cobardes o los infieles, somos nosotras quienes seguimos cargando, como Margarita, la vergüenza del abandono. Quizás por eso continuamos siendo tan vulnerables a la tentación de los reencuentros, sin importar si el amor roto merecía una segunda o quinta oportunidad, o si el retorno era más un viaje de nuestro propio ego. Ni hablar del otro retorno, el de la repetición incesante del patrón con amores distintos.

La experiencia habría de probarnos, a mí y a mis amigas, que aquellas rupturas no eran el fin del mundo, ni del amor, porque después de todo tuvimos la suerte de no haber crecido en la misma época que Margarita Chica. Sin embargo, lejos estamos de superar los milenios de patriarcado que se activaron sobre el cuerpo de esa mujer, que se siguen activando sobre nuestra piel, corazón y psique cuando amamos y somos rechazadas, desplazadas, maltratadas o «reemplazadas», o cuando nuestra negativa a tolerar amores abusivos nos enfrenta a la soledad.

Muchas veces he sido protagonista, además de testigo, del duelo entre nuestras conciencias «liberadas» y nuestros sentimientos, educados en otro siglo. Tratamos de llenarnos de razones y de actuar en función de esas razones, a sabiendas de que daríamos cualquier cosa por no sufrir un desgarramiento más. Nos damos látigo a solas como si fuéramos las únicas en el mundo en no haber aprendido el deber de las mujeres modernas de no llorar por amor; las únicas inseguras o con «problemas de autoestima»; las únicas dispuestas a pagar un alto precio por realizar por fin el sueño del amor correspondido. Como argumenta la socióloga Eva Illouz en un libro revelador, *Por qué duele el amor*, la «agonía del amor» está lejos de ser un asunto del pasado, o un problema individual. Pese a los discursos que acreditan nuestro sufrimiento a inmadurez psicológica o falta de asertividad, lo que hace del amor una experiencia dolorosa para muchas de nosotras son las ideas, prácticas e instituciones que continúan moldeando nuestros deseos y asociaciones afectivas. En la raíz de esas ideas están los mitos encumbrados por lo que la feminista española Coral Herrera llama «el romanticismo patriarcal», cuyo eje más íntimo son los esquemas mentales que otra gran experta en el tema, la antropóloga estadounidense Helen Fisher, denomina «los mapas del amor».

No hay duda de que muchas de las mujeres de Occidente somos hoy más libres en nuestros modos de ser y amar. Nos sabemos más inteligentes y capaces, solas o acompañadas, y estamos menos dispuestas a tolerar parejas controladoras, abusivas o infieles. Hemos aprendido además a no supeditar otros aspectos de nuestras vidas al vaivén de nuestros amores. Al mismo tiempo, la búsqueda del amor no ha dejado de ser una obsesión femenina. Por el contrario, según documenta Illouz, nunca había sido tan grande el peso que el imperativo de amar y ser amadas supone para la existencia social y el «éxito» de las mujeres. Mientras que nuestra apertura al sexo sin amor ha facilitado el desdén de los hombres al compromiso, para las mujeres heterosexuales las nuevas reglas del juego amatorio han sumado a la responsabilidad de hacerse desear y de retener una pareja la de «elegir bien». A la «agonía» se ha aunado la inevitable decepción que surge de la discrepancia entre el ideal y la realidad del amor. Sufrimos hoy de más, tanto por los intentos fallidos de encontrar al candidato «perfecto», como por nuestra ineptitud para encarnar la pareja modelo en la cotidianidad de las relaciones, mucho menos glamorosa de lo que sugieren los besos y sonrisas posados para Instagram o TikTok.

No nos ayuda que, en lo que va de este siglo incierto, la reputación sexual siga siendo sinónimo de la dignidad femenina, aunque ya no dependa de la abstención o del matrimonio. Tampoco que el amor romántico continúe siendo el escenario idealizado para ejercitar la sexualidad sin atentar contra nuestra estima pública. El imperativo de amar es el más ubicuo mecanismo de control de las mujeres, cuya dependencia afectiva promueve para garantizar un intercambio desigual de afecto y placer que justifica las renuncias femeninas mientras potencia íntima y socialmente a los hombres. De allí que la gran contradicción de las mujeres de hoy siga estando, según plantea Coral Herrera, en el choque entre «el amor a la libertad, por un lado, y la adicción al amor por otro».

Tamara Tenenbaum ilustra en otro libro revelador, *El fin del amor: querer y coger en el siglo* XXI, la persistencia de este dilema entre las mujeres latinoamericanas del nuevo milenio. La lista de reglas que las siguen afligiendo —«menos rígidas y más invisibles» pero «más confusas»— es extensa. Baste con mencionar las que he vivido en carne propia. Permanece en este siglo la idea de que «atraer y conservar a un hombre [es] más o menos indispensable para la felicidad», puesto que ser amada «o, al menos, parecerlo es todavía la medida del estatus social de una mujer». Aunque muchas de las jóvenes de hoy han podido gozar del lujo de la vida independiente, «todavía nos cuesta pensar que la soltería no es un estado de ansiedad, un estado de carencia afectiva del que hay que salir lo antes posible». Con el privilegio de la soltería y las relaciones seriales, se han acentuado además las labores asociadas al moldeamiento del cuerpo, los gustos y las emociones a imagen y semejanza de los deseos de los otros, porque la obsesión con la apariencia física como condición del amor no ha cedido un pelo; tampoco el trabajo de mantener una pareja, que hoy es ya no solo un deber sino «un mérito, algo que logramos "las mejores"» (la ironía es de Tenenbaum). Persiste asimismo la idea de que el mundo no es seguro para las mujeres «solas», y de que las que van por ahí reclamando su libertad sexual están en mayor peligro, aunque las estadísticas comprueban, más allá de la duda posible, que las agresiones de sus parejas estables son mucho más comunes y peligrosas que la soltería.

Tenenbaum advierte también sobre trampas todavía menos obvias de la emancipación: la de encarnar el modelo de libertad sexual masculino —conquistar, usar, descartar— o la de sucumbir a la deshumanización del otro facilitada por el mercado virtual de las citas. La más inquietante para mí es la de hacer de nosotras mismas esas mujeres estoicas, que la escritora resume en el paradigma de la «soltera orgullosa»: la mujer «sexi y comprensiva», capaz de experimentar y demandar placer sin expresar necesidades afectivas ni esperar compromisos; siempre atenta a escuchar, y astuta al contestar, pero que se morderá los dedos para no llamar ella ante el primer o quinto acto de desaparición del amante, con tal de no parecer «desesperada». Sé que hay mujeres a las que les satisface genuinamente ese desapego. Yo, pese a haber ensayado algunas veces, fracasé de forma dramática en la actuación de ese papel.

Antes de ahondar en por qué seguimos siendo tan susceptibles a los «amores terribles», debo precisar que no estoy sugiriendo que el amor sea un mito o un mero asunto discursivo. La «magia» que nos altera el pulso, nos empuja a obsesionarnos con una persona y nos hace ciegas a sus defectos, al menos al principio, es natural, universal y de origen primitivo. La célebre antropóloga Helen Fisher, cuya investigación dio lugar a los algoritmos de plataformas de citas como Match.com y OkCupid, documenta que, desde la ancestral Lucy, hombres y mujeres estamos equipados biológicamente no solo para la mera lujuria sino también para enamorarnos y para establecernos, aunque sea por tiempo limitado, con alguien especial. Tanto la excitación inicial (diseñada para que busquemos reproducirnos), como el enamoramiento (para que nos enfoquemos en una pareja), así como el apego duradero (para que nos mantengamos juntos hasta que la cría pueda subsistir), son estadios necesarios para la prevalencia a largo plazo de nuestra especie, asegurados por el influjo de hormonas distintas y producidas en diferentes circuitos cerebrales, de modo que la divergencia de estos tipos de amor y su simultaneidad con objetos diversos, son también «naturales». La sensación de que amar es «inevitable» surge a su vez de la intensa actividad química desatada tanto por el enamoramiento como por la ruptura amorosa, cuyos efectos son equivalentes a los de una adicción. De modo que las mujeres en esta crónica no nos hemos inventado ni el *high* del idilio inicial, ni el sufrimiento por los amores reacios.

Ahora bien, la selección del objeto de nuestra lujuria, pasión romántica o amor perdurable depende de aspectos psicológicos y sociales, comenzando por la amalgama de experiencias que nos marcaron durante la infancia. En mi caso, la relación de mis padres proveyó la tinta con la que se esbozó mi «mapa del amor», y me tomó mucho tiempo reemplazar las rutas subrayadas por caminos distintos. Los esquemas mentales que determinan qué tipo de personas son más o menos deseables o amables y bajo qué circunstancias, dependen asimismo de nociones colectivas de «amor». Tampoco el arreglo jerárquico entre los sexos implícito en las relaciones íntimas es, a diferencia de su correlato químico, «natural». Mi fascinación como investigadora ha sido atestiguar el poder de la literatura y la producción cultural en la confección, durabilidad y utilidad social de las nociones de amor vigentes, y de las fuerzas que se agazapan tras su fachada.

Coral Herrera remite «la construcción sociocultural del amor romántico», como lo conocemos en Occidente, a narrativas que datan de la Edad Media y que llegaron a su furor con el Romanticismo, en el siglo XIX. Fue entonces cuando se difundió la expectativa de que el amor pasional fuera la base de la unión formal de pareja, y se extendió hacia la población civil la institución del matrimonio, hasta entonces un contrato de función claramente económica y prevalente solo entre las clases altas. Fue también en esa época cuando la relación heterosexual y monogámica se convirtió en prototipo de sexualidad normal. Ese siglo dio luz a la «gran escuela del amor» que, según Herrera, significó la novela romántica, y su pariente humilde, el folletín, cuyo influjo extenderían en el mundo hispanoamericano exponentes tan prolíficos como José María Vargas Vila y Corín Tellado. Bajo su influencia se difundió la aspiración femenina a una vida romántica, es decir, el deseo de encontrar realización personal en el destino compartido con una pareja elegida por amor que, aunque al principio era exclusivo de las lectoras, se popularizaría después por medio del cine, la radio y la televisión.

Los productos culturales del último par de siglos reencaucharon viejas interpretaciones del remezón químico que perpetúa la especie. De los clásicos venían la tesis platónica del alma gemela, según la cual solo puede amarse de verdad a una única persona, y la fe en que el amor es un sentimiento incontrolable, inmune a todo, excepto a los designios de Cupido. De los romances medievales y la novela sentimental heredamos la idea de que el amor florece en medio de los obstáculos porque, cuando es verdadero, «todo lo puede». De los cuentos de hadas, heredamos el «para siempre», cómplice por excelencia del «hasta que la muerte los separe», que sigue vendiendo películas de Disney, aunque suba la tasa de divorcios y firmar un acuerdo prenupcial sea hoy un mero trámite. Buena parte de las desilusiones que nos llevamos con el amor surgen de las desmesuradas aspiraciones derivadas de esas fabulaciones, pues, como nos recuerda Herrera, «digan lo que digan las películas, las novelas y las canciones, la pasión no es eterna, el amor no es perfecto y maravilloso, no existe una sola persona que pueda colmar nuestra existencia, y los deseos de promiscuidad son naturales en el ser humano (tanto en hombres como en mujeres)». Otra consecuencia ostensible de la mitología romántica es que «muchas personas aman al amor, no a las personas». En mi opinión, es peor aún: la complicidad entre los mitos del amor romántico y la obsesión con la dominación ha fomentado que muchos amen, más que a sus parejas o al amor, al poder que derivan de ser amados.

A la persistencia de estas fabulaciones puede acreditarse el magnetismo que sigue ejerciendo la solución con la que *Crónica de una muerte anunciada* vindicó a Ángela Vicario. Me atrevo a imaginar al escritor intuyendo que ninguna lectora educada bajo el influjo de la historia de la novela, el folletín, la industria discográfica y la telenovela podría resistirse a la seducción de ese «final feliz», con la esposa reconquistando al hombre que una vez la rechazó y ¡por su propia elección! Pruebas de ese escenario nos sobran entre las voceras femeninas de la lealtad de las mujeres en el mundo hispano, que abundan, sobre todo, en el terreno de la canción —desde las Rocíos hasta las Trevis, pasando por las Ana Gabrieles y las Miriam Hernández, que se siguen oyendo en la radio como si hubieran grabado antes de ayer—. Cuántas de nosotras no hemos fantaseado con ellas el final feliz de un amor perdido, fuera o no un buen amor.

Basten dos ejemplos para ilustrar la banda sonora de mi propia formación amorosa. En el Caribe colombiano debemos mucho de nuestra educación sentimental a un género musical que merece distinción, además, por ser el más cercano al corazón de García Márquez y a los amores terribles de Margarita Chica: el vallenato. El citado documental de los *5 ignorantes buscando una verdad* tras *Crónica de una muerte anunciada* abre con un clásico grabado en 1989 por Los Chiches Vallenatos, *Ceniza fría*. En el coro, el primer novio de una mujer «deshonrada» por su segunda pareja le pregunta: «¿Quién fue el que te hizo ese daño que no quise hacerte cuando eras mi amor?». Debo confesar que hasta yo, que no tuve mejor formación en esta música que la recibida en las disco-busetas propias del transporte público en Cartagena, me sé de memoria la letra de esa canción. No exageraba García Márquez cuando dijo que *Cien años de soledad* es un vallenato de cuatrocientas páginas. Como su novela, el amplio repertorio de ese género es un documento, y un pilar, no solo de la memoria oral de nuestros pueblos sino también de la formación y expresión amorosa de los hombres del Caribe colombiano. Al final de *Ceniza fría*, la voz aclara que «no es que yo diga que eres sin valor / tú eres la misma y tal vez mejor. / Pero es que yo ya no quiero / sinceramente no puedo. / El primero fue primero / y de segundo no quiero». Pese a la aparente caducidad de esta letra, el mensaje sigue vigente en las experiencias de las caribeñas de hoy. La autonomía económica y erótica que ha distinguido a las mujeres de la región, en especial a las de clases trabajadoras, no ha logrado conjurar el riesgo de que nuestros hombres, mucho más lentos en su propia evolución afectiva, no puedan o quieran amarnos libres. A eso, pienso, se deben muchas de nuestras notorias contradicciones.

Recurro al otro ícono global emergido del Caribe colombiano —y otro de mis objetos de estudio— para precisar que, mientras Margarita, García Márquez y sus hermanas fueron contemporáneos de nuestras abuelas, mis amigas y yo lo somos de Shakira. Esta artista, que creció a hora y media de mi ciudad y fue a un colegio de monjas con dos de mis amigas barranquilleras, es tanto la voz como el vivo testimonio de los alcances de la «modernización» de nuestras nociones del amor. No en vano se ha hecho una carrera cantándole a los efectos alucinantes del enamoramiento —que una y otra vez la han hecho «bruta, ciega», «rabiosa» y «loca»— y a los eventuales fracasos de tantos amores antes jurados para siempre. Pero quizás lo que ha logrado que mujeres de todo el mundo coreemos con Shakira es su habilidad para encarnar la batalla íntima generada por el afán de amar y la necesidad de reeducar nuestros sentimientos para ponerle límites al amor: la dificultad para desprendernos de los romances agónicos —desde el «seguir amándote es inevitable» hasta los «te dejo», «renuncio» y «no vuelvas más»— y para superar los duelos sin sucumbir a la amargura de «acumular intentos», porque «pesa más la rabia que el cemento». Otra lucha importante parece haber sido la de reclamar control sobre el «imperio» de su propio deseo, tras cansarse de despertarlo en otros y sacar del armario su hambre de «loba». Cabe hablar de Shakira, además, porque si el éxito arrollador de la mujer más poderosa a la que haya dado luz el Caribe colombiano no la ha librado de las ilusiones, renuncias y decepciones en nombre de los mitos del amor romántico, ¿qué se puede esperar de las demás? Si Shakira fuera una de mis amigas, tendría que decirle que son esos mitos y no «la monotonía» los que hacen que tantas de nosotras luchemos por mantener viva la llama del amor mientras ellos se sienten con derecho a buscarlo en otra parte cuando su sed de cacería ya no puede saciarse en casa; y que su último amor estaba destinado a perecer porque los narcisistas son diestros en el amor romántico, pero carecen de la disposición para el reconocimiento mutuo y el compromiso recíproco que alimenta el amor duradero. Le sugeriría además que, antes de meterse con el próximo, se regale el tiempo para seguir consolidando el fuego del amor por sí misma.

A juzgar por su repertorio musical, las milenials tampoco han superado las angustias de los amores adictivos, sus abusos y sus abandonos. Se oyen cada vez más voces que cuestionan el egoísmo ajeno, celebran rupturas liberadoras o pregonan el amor propio, pero entre las que pegan en la radio no falta la que implora por el retorno de un amor al que se le notaba, aun antes de abandonarla, su «tanta falta de querer». Caso aparte es lo que cantan los hombres, cuya expresión romántica no ha agotado la idealización de las que merecen ser amadas ni las acusaciones e insultos contra las que se resisten, los dejan o eligen a otros. La moda más reciente es, además, bombardearnos con invitaciones explícitas y pegajosas al consumo sexual mutuo a la medida de sus pretensiones.

—Somos las descendientes de *Leonela* —me recuerda mi amiga Olga, refiriéndose a un dramononón venezolano que pasaban en nuestra niñez en Colombia, en el que la protagonista terminaba felizmente reconciliada con su violador. Sobre esa otra «gran escuela» femenina, la telenovela, tampoco puedo extenderme aquí. Ya la diseccionó con rigor Florence Thomas en otro pilar de mi reeducación sentimental, *Los estragos del amor*. No obstante, el coro de la canción con la que abría *Leonela* nombra otro fantasma cuyo acecho amerita reconocimiento: «Soy el ladrón de tu amor y estoy confeso […] / y aunque te duela más aprende de esto: / que quien te hace llorar, es quien te ama». Con ese antecedente, de vaina no estamos más confundidas.

Sirva esta obvia apología al amor que «nace» de la violencia sexual —a cuya recurrencia en la obra de García Márquez ya me referí— para iluminar los resortes, sutiles y ubicuos, que nutren nuestra tolerancia a otro engendro terrible del «romanticismo patriarcal»: la violencia ejercida en nombre del amor. Al mito de que «porque te quiero te aporreo» debemos la cultura de coerción que sigue inspirando el «consentimiento» femenino al sexo y al amor abusivos, un espectro de ideas y prácticas de la cual la violación es su extremo y su puntal. Pese a los heroicos avances de movimientos como el «#MeToo», nos queda mucho por recorrer, a hombres y mujeres, para transformar las condiciones que habilitan la imposición por la fuerza de los deseos de los unos sobre los cuerpos de las otras: las estructuras de poder que condenan al silencio a las agredidas, los resortes psicológicos y culturales que hacen que los agresores se nieguen a aceptar un no por respuesta, los prejuicios que hacen que los testigos e instituciones que deberían ajusticiarlos los justifiquen. Nos falta también conversar más, y más honestamente, sobre las condiciones que hacen que muchas digamos «sí» aunque hacerlo nos haga sentir incómodas o aunque en realidad no queramos consentir. Hablar —fuera de las sesiones individuales de terapia— de la educación afectiva que nos hace sentir insignificantes si no somos deseadas, del entrenamiento de nuestro deseo que nos hace aceptar la agresión y hasta derivar placer de ella, y de los incentivos que promueven la actuación femenina en montajes a la medida de las fantasías sadomasoquistas típicas de la economía sexual patriarcal.

Nos hace falta asimismo reconocer que los privilegios de quienes hoy nos sentimos autorizadas a decidir y establecer límites al abuso no son aún, en la práctica, los derechos de la mayoría. En el miedo a las violencias incentivadas por la precariedad económica y la marginalización social puede explicarse otro fenómeno notado por Coral Herrera, el de la «nueva generación de sometidas» que se rinden «voluntariamente a su *macho*, permite[n] que su *macho* se pelee con otros por ella[s], que su *macho* la[s] vigile y la[s] lleve a casa cuando el *macho* considera que es el momento de seguir divirtiéndose solo con amigos». Por desgracia, a esas y muchas otras mujeres de los sectores menos leídos de nuestras urbes probablemente les sobren razones para sentirse más seguras al amparo de quienes las someten.

Me consta, por las docenas de estudiantes que han pasado por mis cursos durante los veinte años que llevo enseñando, que ni las milenials ni sus sucesoras son inmunes a la sexualidad violenta y su confusión con el amor. De hecho, otro asunto sin resolver en mi educación sentimental viene de mi encuentro, en el contexto estadounidense, con la extensiva práctica del *date rape*. El solo nombre, «violación en una cita», con sus connotaciones de normalidad, intimidad y de presunto consenso en al menos una parte del encuentro entre el perpetrador y la víctima, me pone la piel de gallina. Ya perdí la cuenta de cuántas de mis estudiantes me han confesado haber sido víctimas de ese rito de aleccionamiento, tan propio de los centros educativos residenciales. La práctica no es exclusiva, por supuesto, de los campus universitarios ni de los Estados Unidos. De los ejes psíquicos y culturales que hacen de cualquier hombre y mujer con unos tragos encima un victimario y una víctima posible de violación, y de las consecuencias sobre muchas mujeres de las «citas» terribles, queda también mucho por discutir[5].

El más terrible de los amores es, por supuesto, el que sigue moviendo a tantos novios, maridos o exparejas a cobrarle a «su» mujer la osadía de cuestionar su dominio, no solo a golpes ni con sexo forzado sino con la muerte. Las páginas de este libro no alcanzarían para contar las historias de las vidas perdidas solo este año, solo en Colombia, por feminicidio. El conteo del número de puñaladas o los disparos recibidos por tantas de ellas es otro sonsonete que nos acosa a diario desde la radio, la prensa y la televisión, donde las mujeres son las protagonistas de un drama interminable. El desborde de los feminicidios en Latinoamérica y la conveniente impunidad que, pese al creciente activismo en su contra, continúa rodeándolos es la reacción más brutal y fulminante del patriarcado al desenmascaramiento de su fiel secuaz, el amor romántico. Ningún enunciado de la dominación masculina es tan contundente como el difundido por medio de los cuerpos de esas mujeres, acalladas por siempre para confirmar ante su audiencia directa e indirecta que el rol de nuestro sexo sigue siendo atender las necesidades sexuales y afectivas de nues-

---

[5] En su brillante filme satírico, *Promising Young Woman* (2020), Emerald Fennell expone los mitos y contradicciones del fenómeno del *date rape*.

tros hombres, y que nuestra existencia, más allá de ese papel, es inadmisible.

Junto al miedo a la violencia de género y sexual, el encumbramiento del amor como explicación de esa violencia, y como paliativo para aceptarla, es la estrategia más perversa y efectiva para garantizar la participación femenina en la opresión propia y de otras mujeres, así como en la perpetuación de los privilegios de sus hijos, maridos y otros hombres. En nombre del amor, tal como lo aprendimos de nuestros productos culturales, seguimos no solo ignorando o maquillando las violencias recibidas sino infligiendo dolorosas agresiones sobre nosotras mismas —la negación de nuestros deseos y carencias, el aislamiento de otros afectos y la marginación social, la amargura y la resignación a la infelicidad—. Mientras sigamos sin entender que la violencia «íntima» es un problema que nos compete a todas, no podremos ganar las batallas públicas que acaben con su impunidad, ni las privadas que derroquen sus cimientos.

Volviendo a mi extensa soltería, mi madre fue, para sorpresa de ambas, su principal aficionada. Ya separada, y «convertida» al credo feminista de su única hija mujer, supo celebrar mis prioridades y logros más allá de lo afectivo. Consoló también mis fracasos amatorios, con el cuento aquel de que «hay que besar muchos sapos antes de encontrar al príncipe». Yo hice más que besarlos, y con gusto. Llegué incluso a aceptar en algunos su incurable condición de batracios. Pero la cosa no mejoró hasta que empecé a reconocer las contradicciones que movían mi propia búsqueda y dejé de desear tanto a los sapos como a los príncipes.

Mi patrón más recurrente fue enamorarme de narcisistas. A ellos supongo que los estimulaba el reto de domesticar a una presa difícil; a mí, el desafío de convencerlos de que podían, y debían, amarme. De esa serie de brillantes y elocuentes encantadores aprendí que los hombres son siempre honestos, si aprendemos a interpretar la verdad de sus acciones, no la de sus palabras. En esta distinción radica su habilidad no solo para enmascarar su mezquindad, sino para aprovecharse de nuestra ancestral tendencia a adaptarnos incluso a lo que juramos y perjuramos no estar dispuestas a aguantar. A fuerza de desafiarlos con planteamientos lógicos sobre la reciprocidad, y de tocar con demasiada fuerza la puerta de hierro con la que resguardan sus privilegios, entendí el carácter abusivo de su negativa a negociar sus términos, y de sus arranques coléricos cuando mi insistencia los obligaba a reafirmarlos a gritos. Aunque odiaba la idea de ser «víctima» de nadie, en su momento tuve que admitir que, por temor a que mis emociones me hicieran parecer «irracional» y a que mis reclamos llevaran a más violencia o causaran el inevitable quiebre de esas relaciones, había aprendido a tolerar su egoísmo. Lo que es peor, había pasado demasiado tiempo limando mis «desmesuradas» expectativas, para ajustarme al ideal de mujer que, de ser alcanzado, ganaría por fin el premio de su amor. Por suerte, mis esfuerzos por reducirme a dimensiones tolerables para sus egos habrían de fracasar. Aunque sufrí lo indecible con esas rupturas, hoy agradezco que me hayan inspirado a sanar heridas que los precedían, y que me hayan librado, con su partida, de la mujer en que habría tenido que convertirme para conservar su compañía.

Todavía no me había graduado de esa escuela cuando mi madre, al ver cómo me debatía para hacer funcionar una relación con el último de la racha, invocó a mi primer novio. Esa fue, sin duda, su intervención más sabia en mi historia amorosa. No dijo nada en contra del tipo. Al final de las vacaciones en las que lo conoció, me habló de cuando me vio enamorada por primera vez y de su miedo a que esa relación tan apasionada me hiciera repetir su propio error, abandonar sus otras ambiciones en nombre del amor. Desde entonces, me había visto dejar a más de un hombre amándolo, y por eso sabía que yo no estaba dispuesta a esa renuncia:

—Confío en ti. Tú sabrás lo que tienes que hacer.

La relación en cuestión murió oficialmente trece días después, y significó otro hito en mi formación sentimental. Fue entonces cuando atravesé el umbral que he visto, felizmente, cruzar a varias de mis amigas, incluida mi madre. Ese punto en el que te cambia ya no el pensamiento sino el apetito, cuando empieza a repugnarte la basura emocional propia y ajena, aunque venga embadurnada en chocolate o crema batida; cuando reconoces que es mejor pasar hambre que indigestarte en nombre de esos remedios de amor; cuando entiendes, con las entrañas, por fin, que el único amor sin el que no puedes vivir es el amor por ti misma. Y que ningún «amor» que te pida elegir entre amarte y amar a otro puede, pese a los millones de páginas que han glorificado ese sacrificio, hacerte feliz.

La nueva escuela del amor para las mujeres, venga en el empaque que venga, debe no solo enseñarnos a defendernos de las máscaras de los amores terribles, sino a cultivar, por encima de los que se le opongan, el amor por nosotrxs mismxs.

Mi gran amor de cuerpo y alma, el que me convenció de casarme, le debe tanto a la educación sentimental del mundo hispano como a esa otra escuela del amor que es la comedia romántica hecha en Hollywood, entre otras piezas de la formación de mi esposo, y de la mía propia, pues no en vano llevo media vida en los Estados Unidos. Junto a las ventajas de anochecer y amanecer en una cama compartida, la manera de amar de mi marido me ha enseñado que las angustias no son necesarias para que el amor sea excitante o nos mantenga emocionalmente adheridos. La generosidad de nuestro vínculo me ha hecho sentir y pensar el amor, además, como una fuente de la que se puede beber sin miedo, a sabiendas de que se renueva de lo que emanamos juntos y del amor que brindamos a otros. A la constancia de este romance le debo asimismo la comprensión de por qué tantos de nosotros seguimos eligiendo el compromiso mutuo como proyecto de vida, y como apuesta para un futuro colectivo. No obstante, el matrimonio no ha sido mi «final feliz» ni ha resuelto todos mis dilemas en torno al sexo y el amor. De hecho, la experiencia conyugal me ha obligado a sumar al enredo otras formas y etapas del amar.

Mi parte favorita ha sido, hasta donde va, parir y criar a mis dos niños en la compañía de un padre amoroso y dedicado, que limpia traseros sin asco y se las arregla, solo o con la suegra, para hacerse cargo de la casa cuando yo me voy a investigar en otros rumbos. El amor por los hijos también amerita su propio libro. Mejor aún, su propia línea editorial. Es otro tema en el que las escritoras empezamos a reclamar autoridad para desembarazarnos ya no solo del imperativo de ser madres, sino de ese otro ideal represivo que es, aun para las que optamos por este camino, el amor maternal[6]. De mi parte, muero por leer más sobre esos momentos en los que la energía y las emociones de los chiquitos

---

6 Ejemplos de la creciente popularidad del tema son el libro de Lina Meruane, *Contra los hijos*, la película de Maggie Gyllenhall *The Lost Daughter* (basada en la novela del mismo nombre de Elena Ferrante) y uno de los filmes recientes de Pedro Almodóvar, *Madres paralelas*.

nos ponen al límite de nuestros propios nervios; o de las contrariedades y dudas que surgen del peso cotidiano de que otros dependan de nuestro amor. Sueño con que más mujeres, y hombres, hablemos en público del placer físico que derivamos del roce y del abrazo, o de la intensidad de la mirada de absoluta devoción que veo en los ojos de mis hijos. Añoro también que concertemos las estrategias que nos permitan no solo empoderar a nuestras hijas, sino poner límites a los privilegios de nuestros varones, para enseñarlos a amar con respeto, empezando por pedir favores y dar las gracias a sus abuelas, porque una de mis principales aspiraciones como madre es que mis hijos aprendan a amar sin ser cómplices de «amores terribles».

El de la esposa, por otro lado, es un traje que aún no acabo de ajustar a mi figura. La rigidez de milenios de la institución matrimonial no se adapta fácilmente a la multiplicidad de mis pasiones, incluida la de la escritura. Tampoco acabo de sacudirme la sombra que la idealización del amor tiende sobre la realidad de la vida íntima; sobre ese amor que se nutre, o fracasa, en medio de la negociación inevitable de las taras individuales y mutuas, las responsabilidades y humores cotidianos, y las visiones de futuro en un mundo que nos despierta todos los días con un nuevo remezón. Mientras la queja común entre mis amigas solteras sigue siendo cuán difícil es encontrar o retener al hombre «perfecto», el tema central entre mis amigas emparejadas es la lidia con lo irreparablemente imperfecto. Lo defectuoso no es siempre el marido, ni nosotras —que también lo somos—; tampoco nuestros amores. La pareja estable heterosexual contemporánea sufre tanto del peso de una institución ancestral alineada con los intereses del patriarcado y el capital, como de las obstinadas falacias veladas por las formas de ser y consumir promovidas por el «amor moderno».

Entre los síntomas más obvios de las jerarquías persistentes al interior de los matrimonios, incluidos los de las más educadas y exitosas, permanecen el ajuste del apellido de las casadas y la costumbre de que sea la mujer quien postergue estudios o supedite su desarrollo profesional en favor de las carreras de los maridos o el cuidado de los hijos. Más desigual es aún el terreno de la responsabilidad afectiva, pues el trabajo de mantener la armonía de pareja se sigue entendiendo como un asunto femenino, el desamor sigue siendo un drama peor cuando es la mujer la que lo siente y, aun tras las rupturas, las mujeres siguen siendo percibidas como atadas a sus parejas, al punto de sentirse responsables por el cuidado continuo de aquellos a los que amaron. Para nadie es un misterio, además, que los avances en la justa redistribución de las tareas del hogar y del cuidado de los niños siguen siendo una lenta y agotadora proeza. Esta última se ha visto retrasada en el mundo hispano por la disponibilidad a bajo costo de empleadas y niñeras, que continúan librando a los hombres de su responsabilidad doméstica, y a las mujeres de confrontar la reticencia de sus parejas a asumirla.

En cuanto a la carga de los mitos del «amor romántico» sobre los matrimonios «modernos», viene a mi memoria otro clásico de García Márquez, *El amor en los tiempos del cólera* (1985). En ese extraordinario tratado sobre el sentimiento en cuestión, brilla la obsesión de Florentino Ariza con la mujer idealizada que lo rechazó en su juventud, y a quien espera por más de cinco décadas: Fermina Daza. Enfrentadas a esa consagración se sitúan la cotidianidad, los placeres sencillos y los ocasionales sinsabores del amor construido entre Fermina y el esposo de su elección, Juvenal Urbino, un hombre que se toma el tiempo para conocerla y diseñar con ella una relación a la medida de las debilidades y fortalezas de ambos. Al final prevalece el amor de Florentino, sin importar que ese emblema del amante romántico haya aliviado su espera coleccionando especímenes femeninos —623 entre las dignas de contar— ni que la última de esas sea una niña de doce años a la que el setentón seduce con artimañas y abandona en cuanto Fermina enviuda. Al modo como la narración tergiversa las «hazañas» de ese amante, incluidas un par de violaciones además del suicidio final de su última «novia», me he referido en otra parte. Baste señalar que la empatía del narrador se alinea con Florentino, de manera que, pese al medio siglo de devoción mutua entre Fermina y su esposo, los lectores somos invitados a celebrar el triunfo del amor tardíamente consumado entre ella y Florentino durante un viaje idílico en un barco de vapor. No todos los lectores aceptamos la invitación. García Márquez nos confronta de este modo con otro de los grandes mitos del «romanticismo patriarcal», ese que reduce la intimidad de las relaciones estables a una «conformidad» mutua, mientras presenta como «verdadero» al amor que responde a la obsesión.

Helen Fisher sitúa la extinción del desbarajuste hormonal que sustenta el ardor obsesivo en el tercer a cuarto año de las relaciones, apenas el lapso necesario para garantizar la supervivencia de los bebés de la especie. El fin de ese ciclo no supone el fin del amor, ni del goce. Lo que sucede es que los circuitos cerebrales dejan de producir dopamina, la sustancia adictiva del enamoramiento, para dar paso a la producción química propia de la intimidad madura, en particular la oxitocina, la hormona del apego, que cuenta entre sus milagrosas funciones la de garantizar la dilatación durante el parto, la lactancia y el placer orgásmico. Mientras la primera etapa del amor se percibe como espontánea, el éxito de la transición hacia el amor maduro depende, en cambio, de la determinación de los cónyuges a mantener el compromiso afectivo. Es allí donde la adicción al *high* del enamoramiento, y también ese otro gran mito romántico, el de la pasión inmune al paso del tiempo, tienen un profundo impacto sobre nuestra capacidad y disposición para alargar el amor.

No intento sugerir que las relaciones de pareja se acaban solo por el declive del furor inicial, ni revestir de melancolía el fracaso de tantos amores en buena hora concluidos. Como hija de un matrimonio que tardó demasiado en disolverse, no puedo menos que aplaudir a las y los valientes que lo admiten a tiempo y les ahorran a sus hijos la espectacular agonía de un amor desahuciado. Según revelan las causas más citadas de divorcio, los enemigos más comunes del amor son la violencia, la obsesión por el control y la infidelidad, en especial la femenina, no porque sea más frecuente sino porque sigue siendo más difícil de perdonar. Tras la creciente tasa de divorcios del último medio siglo en Occidente hay también, nada menos, que el empoderamiento económico de las mujeres, y su consecuente negativa a tolerar relaciones insostenibles o conformarse con futuros infelices. Pues ante la inutilidad de los esfuerzos de muchas mujeres y cada vez más hombres por equilibrar las cargas y deshacerse de los lastres del matrimonio tradicional, a veces es justo y necesario, aunque no sea fácil, deshacerse, en cambio, del amor. Al mismo tiempo, reconozco por experiencia que los mitos románticos pesan en la evaluación de los retos del amor real, limitando la disposición de hombres y mujeres para superar los escollos inherentes a la convivencia continua. Impidiendo incluso, a veces, reconocer el amor que tenemos en frente cuando no se anuncia con declaraciones altisonantes ni nos hace sentir angustia. Si el amor ha de ser de corta vida, que no sea porque la realidad cotidiana del amar no esté a la altura del mito de la pasión eterna.

Ya sea solteras, casadas o en otras modalidades amorosas, un gran asunto por resolver para las mujeres de hoy es, en breve, la batalla entre el amor propio y el amor por los otros forzada por los modelos patriarcales de intimidad. Herrera tipifica otro ejemplo paradigmático de esta contradicción que me toca de cerca, el de la *superwoman*. Educadas, competentes en lo profesional, viajadas, autónomas, empoderadas en la cama y, en muchos casos, abiertamente feministas, las «súper mujeres» decidimos en algún momento cultivar una relación de pareja y criar hijos. Reconozco la suspicacia que esta elección suscita entre aquellas que consideran la adherencia al matrimonio y la maternidad una traición al proyecto de emancipación femenina, pero no creo tener que disculparme por usar mi tan peleada libertad para disfrutármela en plural. De lo que sí me declaro culpable, y víctima, es de haber sucumbido a la osadía de querer serlo todo —la hija, la amiga, la madre, la esposa, la maestra, la escritora, la feminista— y hacerlo todo bien. No hay cuerpo que aguante ese afán. A las enseñanzas que me ha dejado mi cuerpo debo la comprensión de otro reto ancestral de las mujeres, el de otorgarnos a nosotras mismas la paciencia y cuidado que ofrecemos a los demás. Yo no he encontrado mejor vía para sanar la cadena de escisiones que nos impuso el patriarcado que domesticar en mi interior los impulsos tiránicos de la razón —su compulsión por juzgar, clasificar y dividir— para volver a ser carne, emoción y alma desde el contacto contradictorio e imperfecto con mis amados. Debo añadir, además, que ni mi amor propio ni mi matrimonio subsistirían sin la persistencia de mis otros amores. Entre ellos cuento, por supuesto, a mis amigos; incluso aquel que le rompió el corazón a la adolescente ilusionada, y con quien nos hemos acompañado por más de media vida con una lealtad mutua que el amor romántico no nos habría permitido.

Todo este recuento para decir que yo, como Margarita y tantas otras mujeres, «soñaba con amar y ser amada», aunque con parámetros adaptados a las formas aparentemente más flexibles del «amor moderno». No he conocido a la primera mujer invulnerable a ese sueño, aunque para muchas la encarnación real de sus deseos suponga un tormento, y aunque para otras haya sido mejor opción ignorar o reprimir el influjo de ese deseo. No es solo porque el efecto alucinógeno del coctel que viene con el enamoramiento nuble nuestra razón, ni porque, como nos declaró Freud, seamos todas unas masoquistas. Soñamos con amar porque cuando sentimos esa descarga química vislumbramos dentro de nosotras mismas la magnitud de nuestro poder; porque nos sentimos, y somos, más poderosas cuando ejercemos a plenitud no solo nuestras habilidades intelectuales y creativas, sino nuestro potencial erótico y afectivo. El desafío es aprender a practicar esa fuerza en y más allá de los escenarios íntimos, y sin soltar las riendas del poder que encarnamos.

Tras la «solución» que le ofreció la *Crónica* de García Márquez a su protagonista subyace una definición que tradicionalmente ha equiparado las relaciones sexuales y amorosas a relaciones de dominación, anclando nuestra aceptación del control ajeno en formas veladas o explícitas de violencia. Presas de la lógica de la cacería, hemos aprendido también a ejercer la manipulación pasivo-agresiva, o la sexual, entre otros reductos sigilosos para encaminar deseos propios de afirmación y de poder sobre otros. Aunque maquillada por las libertades amatorias que continúan abriéndose campo en nuestros días, esa definición sigue enmarcando las posibilidades de realización de las necesidades sexuales y afectivas de la mayoría de las mujeres del siglo XXI, tanto de las educadas en la telenovela y la radio, como de las educadas en la literatura.

Pese a las varias olas y revoluciones que nos separan de la época de Margarita Chica, el culto a los «amores terribles» es aún el bastión de un poder que nos hace cómplices en nuestra propia sujeción. En la medida en que los deseos y las ambiciones más íntimas de las mujeres —de validación, placer, reconocimiento— se mantengan atadas a las de los hombres para su satisfacción en privado y en público, las mujeres seguiremos tentadas por la fórmula de usar nuestra voluntad para moldear nuestro cuerpo y comportamiento a la horma de las expectativas masculinas. Y en la medida en que los hombres sigan deseando mujeres que privilegien las necesidades de ellos para poder «amarlas» —entre estas el impulso de controlar e imponerse— sus expectativas seguirán sin coincidir con las nuestras.

La salida de este dilema no puede ser invertir los papeles en el juego de la dominación. Tampoco renunciar al amor. Sospecho que si hay algo que previene a muchas más mujeres de asumirse como «feministas» o «mujeristas» es la percepción de que el costo a pagar por su amor propio, y por solidarizarse con otras mujeres, pueda ser la frustración del deseo de ser amadas. La ironía de ese temor es que son tantas más las que acaban sufriendo la soledad de perderse a sí mismas, y otros afectos y pasiones, para permanecer junto a compañías egoístas. Para encarnar el poder amoroso en su plenitud hay que emanciparlo del amor por el poder. Este es un objetivo que no podremos lograr sin sumar a más hombres, al igual que a más mujeres, a esta lucha.

Hay, sin duda, muchxs de nosotrxs buscando lazos más equitativos y andando caminos menos transitados del amor, aunque aún no sepamos a dónde nos llevará esa ruta, y cada vez más escritoras, y escritores, recreando esos caminos. Pero falta mucho para que el canon literario y las industrias culturales, entre otros pilares de nuestra educación sentimental, se pongan a la altura de las posibilidades abiertas por los nuevos «mapas del amor». Falta más para que los sentimientos de las lectoras educadas se pongan al día con nuestras mentes emancipadas. Y falta mucho más para que la mayoría de las mujeres accedan a los privilegios ganados por las más leídas.

Muchas preguntas continúan acechándome en torno a la novia devuelta. Abiertas permanecen, por ejemplo, las implicaciones del primer amor incestuoso que le adjudicaron las hermanas García Márquez, un «amor» del que siguen siendo víctimas tantas niñas reales, y a cuya peligrosa trivialización en la literatura le dediqué mi libro anterior. Tampoco he podido dejar de cavilar qué habría sido de esta historia si Miguel hubiera tenido el coraje de ejecutar él mismo la sentencia que promulgó contra Margarita cuando le entregó el cuchillo para que se matara. ¿Qué habría pasado si no hubiera sido Cayetano Gentile sino Margarita Chica Salas la víctima fatal de la violencia machista? Temo que no habría habido «crimen atroz» ni novela anunciada. Tal vez no habría habido tampoco un Premio Nobel de Literatura de origen colombiano. Solo una mujer más asesinada «bajo ira e intenso dolor». Solo una víctima más de las tantas historias del «amor terrible» que siguen siendo el pan de cada día en Latinoamérica, y más allá.

Esas dudas habrían sido el final de este libro. Pero hace unos meses, en un evento del programa de estudios latinoamericanos de mi universidad, tuve otra revelación. La hija adolescente de un colega puertorriqueño, una orgullosa devoradora de libros, me preguntó sobre lo que escribía.

—¡Ah!, es un *retelling* —me dijo cuando terminé de contarle.

Aún ponderaba la idea de que mi libro pudiera ser una reescritura de *Crónica* cuando me lanzó una pregunta aún más desconcertante:

—Y al final, ¿la novela le hizo bien o mal a la mujer?

Tuve que pensar dos veces la respuesta. Todavía la estoy pensando. Le confesé que hacía poco le habría dicho simplemente que la novela le hizo mucho mal a esa mujer. Pero que ahora veía mejor la paradoja implícita en esa pregunta. La obra de García Márquez inmortalizó la historia de Margarita Chica. Por eso, aunque no haya sido la prioridad del novelista, sigue siendo posible hacerle justicia.

Han pasado cuarenta y dos años desde la publicación de *Crónica de una muerte anunciada* y la novela sigue ofreciendo un retrato vigente no solo de la condición violenta del poder ratificado por «la historia de un crimen atroz», sino de la violencia implícita en la «historia secreta de un amor terrible». La segunda oportunidad sobre la tierra que la vida le negó a la «novia devuelta» está en manos de sus lectoras y lectores.

Agradecimientos

Este libro es el resultado de un proceso de pensamiento y trabajo en colectivo, que me ha dejado con muchas deudas de gratitud.

Para empezar, agradezco a las personas que me ayudaron a reconstruir los hechos, por lo compartido y por la confianza depositada en mí. Saludo con especial cariño a la familia García Márquez, Jaime y su esposa Margarita, Margot (q.e.p.d.), Aída y Rita García Márquez, al igual que a la siguiente generación: Aída Rosa, Carmen Cecilia, Alfonso y Gabriel Eligio Torres García, quienes me recibieron generosamente en sus casas en Cartagena y Barranquilla. No exagero cuando digo que le debo este libro a María Margarita (García) Mockler, la Cundi, cuya amistad ha sido uno de los mejores regalos que me ha traído vivir en Maine.

Saludo igualmente a los sucreños, Isidro Álvarez Jaraba y el señor Félix en Sucre-Sucre, Hugo Sierra y la señora Amanda Acosta en Sincé, y a la gente de Sincelejo: el reverendo Adalberto Sierra; las clientas y amigas de Margarita: Ludmila de la Espriella y su hija Ludmilita Rosales, Blanca Guerra de Sebá y Judith Ponnefz; los vecinos: Dimas y Nelsy Monterroza, Miguel Ospina y Mercedes Pastor, y el abogado Iván Acuña, quien me abrió las puertas de su despacho en Bogotá. Agradezco en especial a Blas Piña Salcedo, por su acompañamiento durante la investigación y por su inesperada y grata amistad. A José David Rodríguez Chica va mi aprecio eterno por haberme brindado el más vívido cuadro de su tía y madre.

En cuanto a las amigas cuyos nombres recorren estas páginas, celebro en especial la complicidad de mi hermana del alma Olga Fabiola Cabeza, de Irina Junieles, Elvira Sánchez-Blake y Elena Cueto-Asín, quienes leyeron y comentaron la primera versión de este libro. Debo a su lucidez, apoyo y honesto consejo el haber mantenido clara mi dirección en los distintos giros que sufrió el manuscrito. Otras voces que han participado en la hechura de la escritora incluyen a la diosa de ébano, Eva Córdoba, siempre un faro, y el profe Ariel Castillo Mier, un inigualable compañero en la exploración de todo lo garciamarquiano, a quien tengo el privilegio de contar ya no como mentor ni como amigo, sino como un miembro de mi familia. Entre las amistades perennes que me ha traído la docencia, mando un abrazo a Diego Grossman, mi asistente en la primera parte de la investigación para este libro, cuyo entusiasmo desde entonces ha sido inspirador.

Agradezco, por supuesto, a mi universidad, Bowdoin College, y al Harry Ransom Center, hogar del archivo personal de García Márquez, cuyas becas y licencias de investigación patrocinaron mis viajes y las distintas facetas de escritura.

No habría podido concluir este libro sin la enorme paciencia para navegar mi obsesión, y procurarme el tiempo que demandó escribirlo, de mi madre, Lucely Salgado Pérez, y de mi esposo, Brian Banton. También la de mis chiquitos, Sebastián y Nicolás, que tantas veces encontraron la manera de distraerse a sí mismos para acompañar a su mami en las jornadas frente al teclado, sin interrumpirla. Gracias, mis amores. Sin ustedes, no habría escritora.

Me queda por enviar un abrazo cargado de cariño y admiración a mi madrina intelectual, Mayra Santos-Febres, por la inspiración que ha sido su obra y trayectoria, y por la asesoría directa que brindó a este proyecto, entre otras de mis aventuras.

Bibliografía selecta

Álvarez Jaraba, Isidro. *El país de las aguas. García Márquez en La Mojana, la otra orilla de Macondo*. Bogotá: Erika Letra Editores, 2007.

———, Elmer De la Ossa Suárez y Henry Huertas Arrieta. *Registro y documentación conceptual, geoespacial de la vida y obra de Gabriel García Márquez que evidencien y documenten su vida al lado de su familia en la subregión Mojana y en el municipio de Sincé, Sucre*. Sucre: Gobernación del Departamento de Sucre, Fondo Mixto de Promoción de la Cultura y las Artes de Sucre y Fundación Pata de Agua, 2021.

Anzaldúa, Gloria. *Borderlands / La Frontera: The New Mestiza*. San Francisco: Aunt Lute Books, 1987.

Arango, María Elvira (directora) y Nicolás Reyes (productor). «La verdadera *Crónica de una muerte anunciada*» [crónica]. En el programa *Los Informantes* de Canal Caracol, 2021. Acceso el 28 de diciembre de 2022. https://m.facebook.com/LosInformantesTV/videos/la-verdadera-cr%C3%B3nica-de-una-muerte-anunciada/196124619201671/

Barriteau, Eudine. «Coming Home to the Erotic Power of Love and Desire in Caribbean Heterosexual Unions». En *Love and Power. Caribbean Discourses on Gender*, editado por Eudine

Barriteau, 55-72. Cave Hill: University of West Indies Press, 2012.

Boschetto, Sandra María. «The Demythification of Matriarchy and Image of Women in *Chronicle of a Death Foretold*». En *Critical Perspectives on Gabriel García Márquez*, editado por Bradley Shaw y Nora Vera-Godwin, 125-137. Lincoln, NE: Society of Spanish and Spanish-American Studies, 1986.

Calderón, Camilo y Julio Roca. «García Márquez lo vio morir». *Magazín al día*, n.° 1 (28 de abril de 1981): 52-60.

Ceberio, Jesús. «El más importante acontecimiento editorial del mundo hispánico». *El País América*, 30 de abril de 1981. Acceso el 28 de diciembre de 2022. https://elpais.com/diario/1981/05/01/cultura/357516007_850215.html

————. «García Márquez: *Crónica de una muerte anunciada* es mi mejor novela». *El País*, 30 de abril de 1981. Acceso el 28 de diciembre de 2022. https://elpais.com/diario/1981/05/01/cultura/357516008_850215.html

Celis Salgado, Nadia. «The Power of Women in Gabriel García Márquez's World». En *The Oxford Handbook of Gabriel García Márquez*, editado por Gene Bell-Villada e Ignacio López-Calvo, 187-205. Nueva York: Oxford University Press, 2022.

————. «Los enigmas tras la novia devuelta en *Crónica de una muerte anunciada*». *El Tiempo*, 7 de julio de 2021. Acceso el 28 de diciembre de 2022. https://www.eltiempo.com/cultura/musica-y-libros/los-enigmas-de-la-novia-devuelta-en-cronica-de-una-muerte-anunciada-601295

————. «*Crónica de una muerte anunciada* de García Márquez: la historia secreta de los amores escondidos, la desgracia real y el proceso de escritura». *WMagazín*, 27 de abril de 2021.

Acceso el 28 de diciembre de 2022. https://wmagazin.com/relatos/cronica-de-una-muerte-anunciada-de-garcia-marquez-la-historia-secreta-de-los-amores-escondidos-y-la-desgracia-en-la-realidad-y-del-proceso-de-escritura/

———. «Entre el "crimen atroz" y el "amor terrible": Poder y violencia en *Crónica de una muerte anunciada* de Gabriel García Márquez». *REGS Revista de estudios de género y sexualidades*, vol. 44, n.° 1 (2019): 19-36.

———. *La rebelión de las niñas. El Caribe y la «conciencia corporal»*. Madrid/Frankfurt: Iberoamericana Vervuert, 2015.

———. «Del amor, la pederastia y otros crímenes literarios: América Vicuña y las niñas de García Márquez». *Poligramas. Revista Literaria*, n.° 33 (2010): 29-55.

Christie, John S. «Fathers and Virgins: García Márquez's Faulknerian *Chronicle of a Death Foretold*». *Latin American Literary Review*, vol. 21, n.° 41 (1993): 21-29.

Damjanova, Ludmila. «Marvel Moreno y Gabriel García Márquez: escritura femenina y escritura masculina». En *Literatura y cultura: narrativa colombiana del siglo XX*, editado por María Mercedes Jaramillo, Betty Osorio de Negret y Ángela Inés Robledo, 258-302. Bogotá: Ministerio de Cultura, 2000.

Díaz-Migoyo, Gonzalo. «Sub rosa: La verdad fingida de *Cronica de una muerte anunciada*». *Hispanic Review*, vol. 55, n.° 4 (1987): 425-440.

El Attar, Heba. «The Arabs in Gabriel García Márquez». En *The Oxford Handbook of Gabriel García Márquez*, editado por Gene Bell-Villada e Ignacio López-Calvo, 232-245. Nueva York: Oxford University Press, 2022.

Engel, Patricia. *The Veins of the Ocean*. Nueva York: Grove/Atlantic, 2016.

Fennell, Emerald (directora). *Promising Young Woman* [película], 2020.

Fisher, Helen. *Anatomy of Love: A Natural History of Mating, Marriage, and Why We Stray*. Nueva York: W. W. Norton & Company, 2017.

Fujiwara, Akio. *Garushia Marukeso ni homurareta onna*. Tokio: Sueisha, 2007.

Galvis, Silvia. *Los García Márquez*. Bogotá: Arango Editores, 1997.

García Gómez, Sergio (director) y Producciones Mediavisión (productora). *Miguel Reyes Palencia* [entrevista]. En el programa *La otra opinión* de Telecaribe, 2014.

García Márquez, Aída. *Gabito: El niño que soñó a Macondo*. Bogotá: Ediciones B, 2013.

García Márquez, Eligio. *La tercera muerte de Santiago Nasar*. Bogotá: Editorial Diana, 1987.

García Márquez, Gabriel. *Vivir para contarla*. Bogotá: Grupo Editorial Norma, 2002.

———. «*Chronicle of a Death Foretold* (Ilustrado por Fernando Botero)». *Vanity Fair*, vol. 46, n.° 1 (1983): 122-224.

———. «El cuento del cuento». *El País*, 25 de agosto de 1981: 7-10.

———. *Crónica de una muerte anunciada*. Bogotá: Oveja Negra, 1981.

————. *Crónica de una muerte anunciada*. Original corregido por Gabo. En «Gabriel García Márquez Papers». Austin, TX: Harry Ransom Center, University of Texas at Austin.

———— y Plinio Apuleyo Mendoza. *El olor de la guayaba. Conversaciones con Plinio Apuleyo Mendoza*. Bogotá: Oveja Negra, 1982.

García Robayo, Margarita. *Lo que no aprendí*. Barcelona: Malpaso Ediciones, 2014.

Gossaín, Juan. «La realidad de la muerte anunciada». *El Espectador*, mayo 10, 11 y 13 de 1981.

Gyllenhaal, Maggie (directora). *The Lost Daughter* [película], 2021.

Harry Ransom Center. «Gabriel García Márquez Papers». Austin, TX: University of Texas at Austin.

Herrán, María Teresa. «Ocurrencias. El pueblo lo mató… pero también les barajó la vida». *El Espectador*, 1981.

Herrera, Coral. *La construcción sociocultural del amor romántico*. Madrid: Editorial Fundamentos, 2010.

hooks, bell. *All About Love. New Visions*. Nueva York: Harper Perennial, 2001.

————. *Communion: The Female Search for Love*. Nueva York: Harper Perennial, 2002.

Illouz, Eva. *Why Love Hurts*. Cambridge: Polity Press, 2012.

Jarvis, Bárbara M. y Daniel Iglesias. «El halcón y la presa: identidades ambiguas en *Crónica de una muerte anunciada*». En *En el punto de mira: Gabriel García Márquez*, editado por Ana

María Hernández de López, 219-229. Madrid: Editorial Pliegos, 1985.

López-Mejía, Adelaida. «Imagining Afro-Caribbean in García Márquez's Fiction». En *The Oxford Handbook of Gabriel García Márquez*, editado por Gene Bell-Villada e Ignacio López-Calvo, 145-168. Nueva York: Oxford University Press, 2022.

Martin, Gerald. «La literatura celebra 90 años de Gabo». *Semana*, 6 de marzo de 2017. Acceso el 28 de diciembre de 2022. https://www.semana.com/cultura/articulo/gabriel-garcia-marquez-perfil-biografia-por-gerald-martin/517689/

Medina López, Alberto (director). *Por los caminos de Gabo* [documental]. En el programa *Entre ojos* de Canal Caracol, 2015.

Meruane, Lina. *Contra los hijos*. Barcelona: Literatura Random House, 2018.

Millington, M. I. «The Unsung Heroine: Power and Marginality in *Crónica de una muerte anunciada*». *Bulletin of Hispanic Studies*, vol. 66, n.° 1 (1989): 73-85.

Orozco Montesino, Lina. «"Soy el único personaje de García Márquez que aún vive", Miguel Reyes Palencia». *El Heraldo*, 20 de abril de 2014. Acceso el 28 de diciembre de 2022. https://www.elheraldo.co/local/soy-el-unico-personaje-de-garcia-marquez-que-aun-vive-miguel-reyes-palencia-149875

Ortega González-Rubio, Mar y Mercedes Ortega González-Rubio. «Imaginar a Ángela Vicario: Una relectura de *Crónica de una muerte anunciada*, de Gabriel García Márquez». En *El legado de Macondo*, editado por Orlando Araújo, 159-178. Barranquilla: Editorial Universidad del Norte, 2015.

Piña Salcedo, Blas. «La historia de amor de Margarita Chica». *El Espectador*, mayo 17, 18, 19 y 20 de 1981.

Rahona, Elena y Stephanie Sieburth. «Keeping a Crime Unsolved: Characters' and Critics' Responses to Incest in García Márquez's *Crónica de una muerte anunciada*». *Revista de Estudios Hispánicos*, tomo 30, n.° 3 (1996): 433-460.

Rama, Ángel. «La caza literaria es una altanera fatalidad», prólogo a *Crónica de una muerte anunciada*, 5-41. Bogotá: Círculo de Lectores, 1982.

Redacción de *El Tiempo*. «Murió Ángela Vicario». *El Tiempo*, 15 de mayo de 2003. Acceso el 28 de diciembre de 2022. https://www.eltiempo.com/archivo/documento/MAM-1001210

Redacción de *El Universal*. «Más de 150.000 votos de mayoría lleva hoy el liberalismo», portada de *El Universal,* 8 de junio de 1949.

Roca, Julio. «Sí. La devolví en la noche de bodas». *Magazín al día*, n.° 3 (12 de mayo de 1981): 22-27.

Rosales, Vanessa. *Mujer incómoda. Ensayos híbridos*. Bogotá: Lumen, 2021.

Sanín, Carolina. «El autor y la escritora». *Semana*, 20 de octubre de 2017. Acceso el 28 de diciembre de 2022. https://www.semana.com/periodismo-cultural---revista-arcadia/articulo/carolina-sanin-sobre-las-mujeres-escritoras-en-latinoamerica/66234/

Santos-Febres, Mayra. *Nuestra señora de la noche*. Madrid: Espasa Calpe, 2006.

Segato, Rita Laura. *Las estructuras elementales de la violencia. Ensayos sobre género entre la antropología, el psicoanálisis y los derechos humanos*. Bernal: Universidad Nacional de Quilmes, 2003.

Solá, María. «García Márquez como mujer: el escritor dentro de *Crónica de una muerte anunciada*». En *Ni víctimas ni bárbaras. Lecturas feministas de algunos clásicos hispanoamericanos*, editado por Elsa Arroyo y María Solá, 105-124. San Juan: Editorial Plaza Mayor, 2003.

Tenenbaum, Tamara. *El fin del amor. Querer y coger en el siglo XXI*. Buenos Aires: Ariel, 2019.

Thomas, Florence. *Los estragos del amor. El discurso amoroso en los medios de comunicación*. Bogotá: Universidad Nacional de Colombia, 1994.

Torres García, Gabriel Eligio. *La casa de los García Márquez*. Bogotá: Abrapalabra Editores, 2020.

Vergara, Carlos (director). *5 ignorantes buscando una verdad* [documental], 2022.

«Para viajar lejos no hay mejor nave que un libro.»

EMILY DICKINSON

Gracias por tu lectura de este libro.

En **Penguinlibros.club** encontrarás las mejores
recomendaciones de lectura.

Únete a nuestra comunidad y viaja con nosotros.

Penguinlibros.club

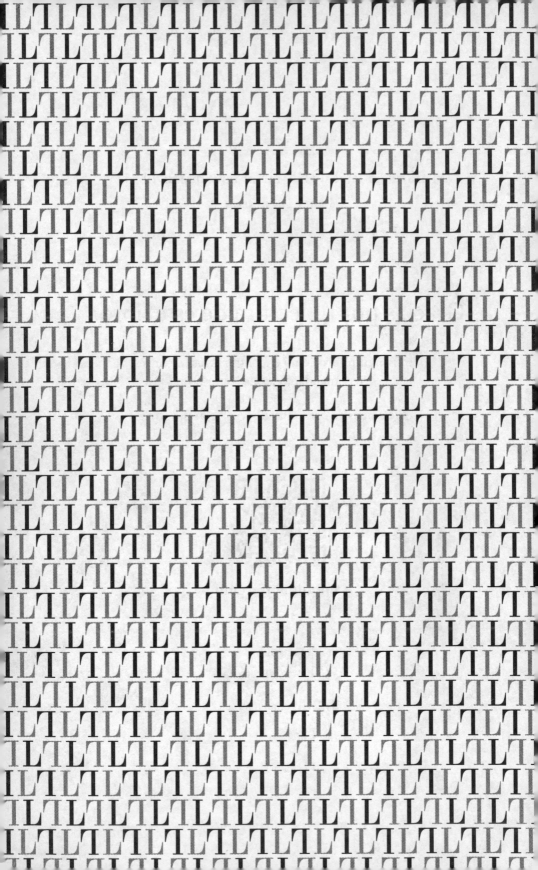